图书在版编目（C I P）数据

九步成为软文营销圣手. 基础篇 / 周浩著. -- 北京:
人民邮电出版社, 2017.4
（互联网+时代企业管理实战系列）
ISBN 978-7-115-44709-8

Ⅰ. ①九⋯ Ⅱ. ①周⋯ Ⅲ. ①市场营销学 Ⅳ.
①F713.50

中国版本图书馆CIP数据核字(2016)第320578号

内 容 提 要

本书从软文营销的基础着手，系统论述了软文的标题撰写、正文架构、关键词嵌入、发布方式与发布技巧、发布渠道等软文撰写与发布知识，致力于帮助更多对软文营销有兴趣的读者朋友成长为软文营销的高手，利用软文营销这个法宝，开辟出属于自己的一片天地。本书适合网络营销人员、品牌经理、市场经理、文案人员、广告人员、招商经理、销售总监、营销总监及相关营销推广人员，以及企业其他中高层管理者阅读。

◆ 著 周 浩
责任编辑 冯 欣
责任印制 彭志环
◆ 人民邮电出版社出版发行 北京市丰台区成寿寺路 11 号
邮编 100164 电子邮件 315@ptpress.com.cn
网址 http://www.ptpress.com.cn
大厂聚鑫印刷有限责任公司印刷
◆ 开本：700×1000 1/16
印张：14.5 2017 年 4 月第 1 版
字数：199 千字 2017 年 4 月河北第 1 次印刷

定价：48.00 元

读者服务热线：(010)81055488 印装质量热线：(010)81055316
反盗版热线：(010)81055315
广告经营许可证：京东工商广字第 8052 号

序

随着移动互联网的迅速发展，信息传播变得更快速、频繁。微信、微博、各种门户网站及论坛都成为信息迅速“裂变”的阵地。企业在这些阵地上发布软文、推广活动及塑造品牌，取得的效果也是惊人的。

凭借着电视广告打天下的时代已经渐渐显露出颓势，微信、微博及博客论坛等新兴网络阵地则显现出了勃勃的生机。

在移动互联网时代，凭借网络营销造势而一夕成名的企业，变得越来越多。比如，曾盛极一时的“雕爷牛腩”、饱受争议的“泡否”及因 CEO 在网上大放豪言而知名度迅速蹿升的“超级课程表”等。这些企业在未曾被媒体多方报道之前，可以说是不为人知，淹没在众多同行之中。但是，随着这些企业的掌舵人开始在网络上展开宣传推广，利用舆论的力量及借助媒体的报道等手段将自己企业的特色展示给更多的人之后，渐渐拥有了自己的知名度，越来越多的用户慕名而来，善于利用互联网营销者名利双收。

2016 年，随着“大众创业、万众创新”口号的响起，各类初创企业如雨后春笋般冒出了头。在越来越激烈的市场竞争中，如果我们不想办法突围，就会被竞争对手剿杀。

在传统的媒体广告时代，企业想要提升知名度，只能到传统平面媒体或电视媒体上打广告。但是现在，在这个信息化高度发达的时代，我们有了更好的选择，那就是软文营销。利用精心编写的软文，将自己的产品或品牌在潜移默化中推广出去，让读者在不知不觉间被你的产品吸引。

比如，某家教类图书作者，为了让更多的妈妈们了解并购买自己的图书，到各大亲子论坛、社区发帖。她以一位过来妈妈的身份，向这些妈妈们讲述自己的育儿经验，当讲到关键的时候，便笔锋一转，揭露了一个秘密：“我的教子经验全部得益于一本书《×××》，这本书教给了我很多实用、管用的方法，让我的孩子越来越优秀。如果你是一位为教育孩子而发愁的妈妈或是正在孕育小宝贝的准妈妈，想要增加一些教子方面的经验，那么建议你也来读一读这本书。相信你在阅读这本书的过程中，一定会受益匪浅。”

因为是以论坛发帖的形式进行，帖子的行文比较自然且更贴近一位妈妈的口吻，帖子一经发布，就获得了很多为教育孩子所苦的妈妈们的热情回帖和询问。结果这本书很快就打开了销路。

当然，利用网络软文来进行宣传推广的例子还有很多。比如，我们经常能够在网上看到这样一些标题《17 岁女孩的创业传奇》《清华大学生创业，造 3D 打印机》等。作为新兴创业者，他们在同行业中所拥有的知名度显然不能与那些老牌的商家相比。想要快速打出自己的名气，就需要在营销上多花一些心思。

想要通过软文营销来打造企业知名度的企业有很多，你凭什么能够在众多的营销软文中脱颖而出？想要利用软文来宣传产品的企业也有很多，你又凭什么能够赢得成功？

掌握软文营销的方法与技巧，从写一篇优秀的软文开始，只有真正掌握软文营销的精髓，你才可能成为一位软文营销的高手。

那么，软文写作的技巧与方法都有哪些呢？本书从写作软文的基础知识入手，在软文标题的撰写、软文结构的设定、软文关键词的嵌入、软文发布平台的选择及软文效果的评估等方面做详细讲解与分析。

除此之外，我们还选取了一些经常被企业采用的经典软文写作类型，详细向大家介绍不同类型软文在营销过程中所具备的优势及需要注意的方面。

对于初涉软文营销的人来说，这是一本引导你入门的启蒙书；对于那些想要做好个站的站长来说，这是一本教你写出更好软文的写作指南；对于那些想要做好营销的企划人员而言，这也是一本不错的教材。

当软文营销以一种润物细无声的方式，成就越来越多曾经默默无闻的小企业之时；当软文营销渐渐变得炙手可热，成为企业争相追捧的营销手段之时，如果你还不知道软文营销该怎么做，那你就真的落伍了。

所以，打开本书，快速补习自己的软文营销知识吧！相信，在软文营销的世界中，你一定能够收获一场意外之喜，在软文营销技巧上更上一层楼。

目录

第一步
了解什么是软文

说营销就不得不提软文，软文是营销非常重要的一种形式。与简单直接的硬广相比，软文推广就像是给营销宣传披上了华美的外衣，让营销看起来不再那么生硬。在营销领域，软文推广所起到的营销效果是“润物细无声”的，往往能够在潜移默化中影响人们对某个产品或某个品牌的认知。因此，软文营销受到了很多人的追捧。

软文是什么

软文是什么？顾名思义，软文是与硬广相对的，非直接硬性宣传的营销方式。软文通常是将需要宣传的内容与文章内容结合起来，使用户在阅读文章的同时快速理解策划者想要传达的营销思想。

一般而言，一篇成熟的软文，需要经过企业的市场策划人员或广告公司文案策划人员的精心编撰与设计，才可能会在报纸或杂志上与大众“见面”。

根据软文发展的不同阶段，软文分为两种。第一种是狭义的软文。企业在报纸或杂志等宣传媒体上刊登付费广告文字。这种付费广告文字一般情况下是对产品或活动的介绍，比较简单和直接，图 1-1 右下角店庆活动广告就属于狭义上的软文。另一种则是广义上的软文，这类软文主要是指企业借助报刊、杂志或网络媒体对企业品牌形象或知名度进行塑造。这种塑造一般是通过一些宣传性或阐述性的文章，达到一种广而告之的效果。广义软文大概包括深度报道、新闻报道、案例分析及付费短文广告等，图 1-2 右下角新闻报道就属于对巴特力保健品的深度报道。在这篇短小精悍的文章中，虽然没有硬性广告植入，但是却对品牌的营销推广起到了很好的宣传作用。

珍菌养生导报
ZHEN JUN YANG SHENG DAO BAO
（2010年05月刊）
敬请中老年朋友密切关注：
独具健康、多元、天然、安全、科技五大优势
珍菌养生将慢性病防治革新到底
巴特力“四大优势”防治老年病慢性病
到店即享八重惊喜
珍菌养生坊石家庄连锁店
咨询热线86976028

图 1-1　付费广告

深度报道
健康帮扶
中科海外石家庄会员在一起
受益者健康分享，共同享受“珍菌养生”
台湾珍宝，不愧为“灵芝之王”
失眠便秘一下子就没了，还没副作用！
太不可思议！没人再说我是“老三高”了
万名中老年朋友见证巴特力神奇「根治」效果

图 1-2　软文

想正确认识软文，就很有必要区分广告、文案与软文的不同之处。一般说来，广告是对某个创意策划的整体构架，涉及很多形式，其中以文字形式呈现的就被称为文案。在文案范围内，一篇完整的宣传性文字则是软文。

软文又分为几种不同的呈现形式，营销领域最常见的软文形式主要有 4 种，如图 1-3 所示。

一、故事式

故事式软文主要是通过讲述一个形象生动的故事，塑造出产品的光环效应，给消费者一种积极的心理暗示，刺激消费者的购买欲望。比如，“菜鸟成长记：5 年月薪 2000 元到 20000 元”“馒头还能这么吃”及“农夫山泉有点儿甜”等。

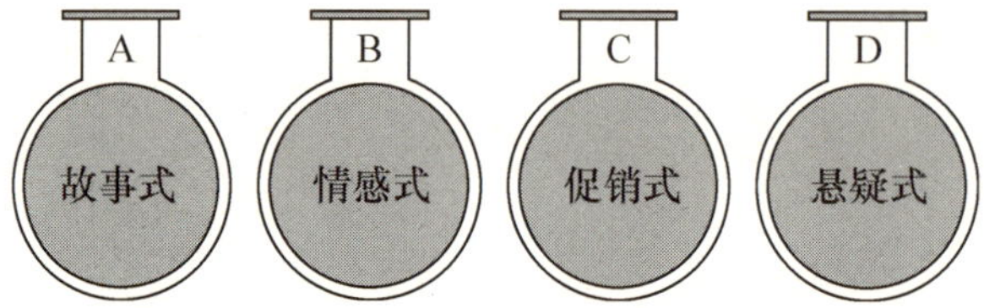

图 1-3　软文形式

对于软文撰写者来说，讲述这个故事并不是其最终的目的，通过这个故事，让更多的人了解故事背后的产品才是文章撰写的初衷。既然是故事的形式，就要求软文撰写者一定要抓住故事撰写的要素，融故事性、趣味性及合理性于一体。只有这样，写出来的软文故事，才会让读者产生阅读兴趣。

二、情感式

顾名思义，就是需要用情感来打动受众。比如，烟台一家酒店情人节当天在当地的一家报纸做出了这样一个软文推广。软文主要是围绕如何省时、省力地找到优惠的酒店，并提供了一些酒店的趣闻，以及酒店品酒、赠送纪念品等活动。写作的方式轻松，行文诙谐，很快就引起了小情侣们的注意。情感类软文写作的时候，是以生活方式和享受作为重点而不是产品本身，这就会降低用户的排斥心理，提高接受率。相反，那些直接通篇为某个产品“唱赞歌”的文章，往往会引起用户的反感。

三、促销式

这种方式经常会配合促销活动使用，如在一些日报、晚报上，我们经常能够看到某些商场或酒店开张的促销信息：“一天断货三次，抢不到的都哭了”“新店开业，五折酬宾”等。

四、悬疑式

悬疑式又可以成为设问式，围绕这个问题展开讨论。如“你还要被繁重的家务所累吗？”“你还要受二手烟的困扰吗？”等。当然，采用悬疑式软文还要掌握一定的“火候”，不能过火，否则很可能会弄巧成拙。

此外，一篇优秀的软文还需要具备如图 1-4 所示的 5 个关键传播要素，即软文的阅读对象是谁、想要传达什么、什么时间传达、什么地方传达及怎么传达。

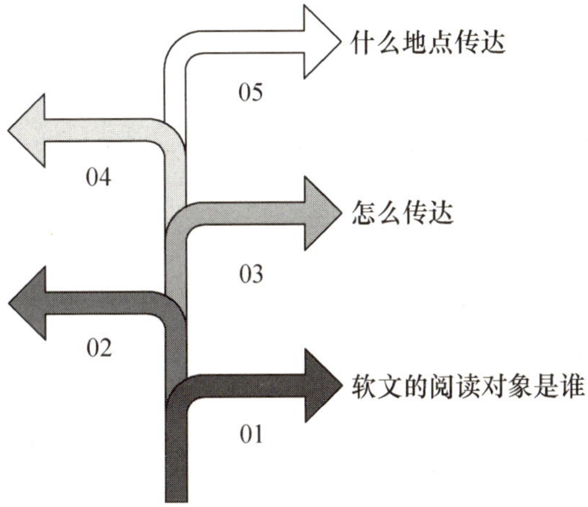

图 1-4　软文传播要素

1. 软文的阅读对象是谁

这很重要，我们撰写软文的目的就是想把营销信息有效地传达给目标群体，因此在撰写软文之前就锁定你的读者对象非常重要。在正确的用户群体中进行宣传营销，起到的宣传效果将非常明显的。

2. 软文想要传达什么

简单说来，就是推广商想要把什么信息传达给自己的受众群体。

3. 怎么传达

软文撰写就像说话一样，采用何种表达方式更让人乐于接受，这是软文撰写者在一开始就需要思考的问题。选择有效的传达方式，让受众在不知不觉间受到自己的引导，这是软文推广的最高境界。

4. 什么时间传达

顾名思义，就是在什么时间段进行软文推广的效果会更好，如天猫、京东、1 号店及聚美优品等电商平台在“双 11”来临或各自店庆之际，就会精心准备一些营销软文，在电视、报刊或网络平台上进行宣传推广。

5. 什么地方传达

软文的载体是什么，对软文推广的效果影响非常大。比如，同样是电商平台打出的促销软文，在电视或网络上传播的效果，显然强于电梯内的小广告。此外，这个何地，也指将软文投放到目标群体聚集的地方。目标受众聚集，推广效果自然会非常不错。

说了这么多，我们是不是对软文有了一个清楚的认识了呢？软文推广所起到的效果是春风化雨、润物细无声的。对于商家或企业而言，硬广与软文就好比营销的两个拳头，一个拳头善于单刀直入，另一个拳头则善于迂回。二者展开营销的方式虽然不同，其目的却是相同的，那就是让营销达到最好的结果。

软文有什么作用

在上一节，我们已经清楚了软文的概念，软文就是营销推广的另一种怀柔手段，是以文字的形式对企业所要营销的产品进行宣传与推广，进而促进产品的销售。本质上而言，软文还是一种广告，与硬广不同之处就是软文是以文章的形式出现在受众眼前的。

尽管表现形式各异，但软文在营销领域却能起到不容忽视的作用。

一、软文最直接的作用

软文最直接的作用有 3 点。

1. 使企业品牌得到曝光，极大地提升品牌的知名度

在互联网时代，企业最看重的就是品牌的信誉。通过软文推广等一系列宣传报道，增加企业品牌在公众中的曝光率，就能迅速地提升企业的知名度。如脑白金曾经撰写的一系列软文广告都是软文推广中的经典之作，其中流传较广的软文有《美国人睡得香，中国人咋办》《夏天贪睡的张学良》《人不睡觉只能活五天》《一天不大便 = 吸三包烟》《女人四十，是花还是豆腐渣》及《宇航员如何睡觉》等。这些悬疑式的软文，通过开篇抛出惊人的言论或提问吸引受众眼球，然后层层剥丝抽茧引出软文想要表达的重点——脑白金是解决人们各种保健、养生问题的良药。通过这样一个个有理、有据、有趣的软文推广小故事，脑白金这个品牌变得家喻户晓。

2. 增强用户的关注度

生活中，我们可能都会有这样的经验，当我们频繁地接触某个事物的时候，就会对某个事物产生关注。这给广大的企业提了一个醒，当你要进行软文推广的时候，一定要注意吸引用户的关注，增强目标受众对企业品牌的关注度。提升目标受众对品牌的关注度有一个百试不爽的窍门，就是在同一时段大量地推送自己的软文信息。简单举个例子，如今微信盛行，几乎每个人的微信号中都会加几个公众号，有些公众号你加了很长一段时间都不会去翻阅它的信息，而有的公众号则是你每天必定会光顾的平台。这是为什么呢？最大的原因就是有些公众号的运作者只知道通过一些手段圈粉，却不懂得用有价值的文章、内容留粉。

一个优秀的微信公众号必定是每天都会在用户那里刷存在感的，如果你的公众平台号只是一个摆设，不能吸引用户的注意与关注，就算你的公众号躺在用户的手机里，也摆脱不了被雪藏乃至被抛弃的命运。

3. 传播有价值的价值观

软文既然是通过文章的方式传达一定的信息，其中必定会包含撰写者的一些价值观念与思想。随着软文传播范围的越来越广，撰写者在软文中所传达的价值观就会得到越来越广的传播。

二、软文所能起到的间接作用

好的软文就如同陈年的佳酿，所散发的魅力是超乎人们想象的。一篇软文能够在网络上得到大范围的宣传推广，不仅能够给企业带来可观的流量，还能够有效地将这种流量转化成巨大的商业价值。

1. 可以增加外链曝光的机会

大家在浏览网页的时候可能也都会注意到这种情况：在整篇文章里有些字体的颜色与其他字体的颜色不一样，当你点击这些颜色不一样的文字时，就会被导入另外一个完全陌生的网站。这就是软文镶嵌有效链接的间接效果。如果链接导入的网站内容还不错，读者很可能就会成为该网站的常客。

2. 有效导入流量

对于一些新建网站或企业来说，在刚刚起步的时候，流量和人气相对较低，这个时候通过有效的软文推广，往往能够帮助网站或企业吸纳到一定的流量与人气。比如，如果在软文写作的过程中镶嵌一些链接，读者一旦产生点击行为，就能为网站带来流量。

3. 提升关键词排名

经常做营销推广的人都知道，在网络推广中有一个百度关键词竞价，关键词排名越靠前，被网友搜索到的概率就越高，曝光的可能性就越大，就越能打造企业的知名度。从这个方面来讲，如果我们在撰写软文的过程中，能够有效地穿插进一些关键词或关键字，就可以有效地增加关键词的密度，再加上外链与流量，就可以极大地提升企业在百度关键词中的排名。

三、软文对营销产生的影响

软文是营销领域生命力最旺盛的一种广告传播形式，也是最有技术含量的一种广告形式。一篇出彩的软文在营销宣传过程中往往能够产生让人意想不到的效果。

1. 网络软文将会成为未来的一种营销趋势

随着移动互联网与智能手机的盛行，越来越多的人有了手机阅读的习惯。手机新闻客户端及一些信息传递平台如雨后春笋般冒了出来，这在无形之中就能造成一种手机阅读的趋势。这种趋势，将直接带动网络软文成为未来营销领域中的一种最有效的营销方式。

2. 软文可以帮助企业有效地树立起品牌形象

软文的“软”，决定了它可以绵里藏针，春风化雨，在无声无息中提升自己的影响力，这就非常有利于树立起企业的品牌形象。

比如，在汶川地震发生的时候，有不少企业自发为灾区捐款，其中加多宝集团慷慨捐出1亿元的新闻一经发酵，就受到了人们的一致盛赞。加多宝集团的企业品牌形象也在人们口口相传的过程中树立了起来。

3. 撰写得体的软文可以有效传递企业口碑

生活中我们都有这样的经验，我们去某家店进行了消费，如果觉得这家店里的东西还好，可能就会主动地跟身边的人谈起自己的消费体验，在无形之中帮助这家店进行了义务宣传，传递了企业的口碑。

得体的软文同样也能起到有效传递企业口碑的效果。比如，女鞋品牌达芙妮，曾请港台著名的歌手组合 SHE 代言，SHE 的一首《月桂女神》让达芙妮这个品牌变得家喻户晓，网络媒体上在对《月桂女神》进行宣传的时候，人们总是会忍不住问一句，月桂女神是什么人？就这样达芙妮变得家喻户晓，很多年轻的女性都成为了达芙妮的忠实粉丝。

4. 软文能够给企业带来超乎想象的社群效应

如果一个读者在某个地方看到了一篇软文，觉得这篇软文写得还不错，里面的产品也切实能够诱惑到他，他很可能就会选择这个商家。如果商家提供的产品还不错，让这位读者获得极佳的用户体验，这位读者很可能还会主动宣传企业的产品。这样，无形之中，这位读者就能通过自身的人际关系网，帮助企业搭建一个崭新的宣传渠道，构成一个小小的社群。

综上所述，软文在打造企业的品牌、影响力及知名度等方面都有不容忽视的作用。正因为如此，企业如果能恰当地运用软文进行营销推广，就可以起到事半功倍的营销效果。

软文有哪些种类

软文都有哪些种类？营销行业的专家曾做过这样一个形象的比喻：软文就像糖果，根据软文营销效果从低到高，可以分为水果味硬糖、牛奶味硬糖、牛奶软糖及棉花糖等。

一、低级软文——水果味硬糖

该类软文其实谈不上软，充其量就是对某些产品的硬性介绍与宣传推广，打个形象点儿的比喻就是将掺杂了一点儿糖果味的广告与其他一些文字生硬地组合在一起。在某种程度上说，这类软文，其实与硬广非常接近，广告味道很明显，让人更容易接受的糖味趋于零，如图 1-5 所示。

图 1-5　低级软文

二、中级软文——牛奶味硬糖

与低级软文相比，中级软文的糖味更浓郁一些。虽然人们第一眼看到也能快速识别出其软文身份，但却比低级软文多了一分味道，因加入了一些牛奶的成分，更加有嚼头。这些成分或是一些独家的内部信息或是一些经验的分享，抑或是科普知识的普及等。虽然最终还是难抵读者心底，但是却会让读者有所触动，口齿生香，如图 1-6 所示。

图 1-6　中级软文

三、上等软文——牛奶味软糖

之所以称之为牛奶味软糖，是因为这类软文将广告已经隐藏得非常深了，很成功地将硬广进行了软化。人们在阅读的过程中不仅更乐于接受，而且读完之后印象会更深刻。

当然，此类软文虽然有非常出众的文采，但故事也存在一定的不完美，仔细咀嚼就会发现漏洞。这类牛奶味软糖，充其量只能算作糖衣炮弹。

比如，益达曾做过这样一个电视广告，白百何扮演一个厨子，而郭晓冬扮演“食神”。

“麦芽的香气！”

“行家呀！”

“试试？”

“好啊！这家餐厅，起码传的是两代的江浙厨子，你是？”

“第三代，有口福啦！尝尝我自创的拔丝煎面！”

“看起来不错！”

“吃起来更不错！”

“小丫头，这个面甜到掉牙了！”

“是你牙齿不好吧！大叔，来，益达！”

“我知道，吃完来两粒！你很有想法！跟我学做菜吧！”

“你是谁呀？大叔！”

整个故事看起来很完整，将益达广告巧妙地镶嵌在了故事情节之中，毫无违和之感。观众看过之后，对这个故事也会留下深刻的印象。只是，我们若进一步推敲这个故事，也会发现一些不合理之处。比如，牙齿不好为什么一定要吃益达而不是去看牙医？从吃益达怎么看出白百何很有想法？

当然，虽然这个广告有一点儿不合理之处，但并不影响它在电视媒体及一些网络媒体上广为流传。

四、极品软文——棉花糖

为什么称极品软文为棉花糖呢？原因很简单，棉花糖不仅甜而且非常软，又承载着很多人童年美好的记忆，像棉花糖一样的软文几乎已经淡化了软文本身的广告性质。即便有一些广告的成分，但人们也不会产生强烈的抵触。商家的产品在软文中出现的时候，几乎是被读者忽视的，只是在引起读者强烈共鸣、转移注意力的基础上，不动声色地抛出自己的终极杀手锏，攻陷读者心底最后的防线，成功捕获读者的心。

凯迪拉克就曾推出过这样一篇软文《她的人生全是 Easy 模式》。该篇软文讲述了 Reese Witherspoon 成为人生赢家的历程。7 岁开始拍广告，15 岁即获得“最佳艺人奖提名”，进入斯坦福大学读英国文学，随后成为金球奖与奥斯卡双料影后。生活中，Reese 与她的高富帅经纪人育有 3 个子女，家庭温馨、其乐融融……

该文前五分之四的篇幅几乎都在用一个又一个的事实佐证 Reese 是人生真正的赢家。到了文章最后，作者笔锋一转这样写道：最后，再看看 Reese 开的车，凯迪拉克 ATS、2.0T 涡轮增压直喷发动机、百公里加速 6.2 秒、后轮驱动、50:50 前后重量配比、Brembo 高性能刹车、每秒响应 1000 次的 MRC 主动电磁感应悬挂……斯坦福学霸 + 奥斯卡影后在选车方面，也是自有主张！广告效果如图 1-7 所示。

图 1-7　凯迪拉克软文配图

看到这里，读者才幡然醒悟，原来这篇文章竟然是凯迪拉克的软文广告。在阅读这篇文章的过程中，读者其实已经被软文撰写者潜移默化地灌输了这样一种思想“凯迪拉克是人生赢家好品位的选择”。

软文分类虽有不同，但各类软文的作用却是异曲同工的，那就是为了宣传产品或企业的品牌服务。软文级别越低，营销宣传效果就越差，反之，则会获得意想不到的营销宣传效果。

软文有哪些载体

随着社会的不断进步，科技的不断发展，能够接受软文诉求的载体也越来越多。从传统的平面媒体到现在的网络媒体、社交媒体及社群媒体等，几乎都可以成为软文发酵的温床。

这里我们重点介绍一些最常见的软文载体。

一、平面媒体软文

报刊、杂志作为最早的软文载体，在视觉冲击及信息传播维度方面，显然比不上新兴的网络媒体。但是作为传统媒体，平面媒体存在的时间最为久远，其推广的软文也最为丰富。由此，平面媒体软文也就成为了我们日常软文营销领域最常见的一种。

一般来说，如果企业想在一些国家级正规的报纸杂志上刊登软文，需要媒体各个部门的审核。当然，根据所占版面的大小及位置的不同，软文刊登的费用也不同。图 1-8 即是平面媒体软文。

图 1-8　平面媒体软文

根据主办单位的不同，平面媒体又分全国性平面媒体、地方性平面媒体及行业平面媒体等。

全国性的平面媒体因为审核比较严格，企业想在上面直接刊登软文的机会比较少，而且费用较高，接近一些硬广的价格。我们经常见到的一些全国性平面媒体有《人民日报》《光明日报》《法制日报》《工人日报》等。

行业平面媒体一般专于对某个领域的研究，适合一些专业性比较强的企业做宣传报道。如《中国建设报》《中国税务报》《中国经营报》《中国消费者报》等。因为是专于对某个行业与领域的研究，与那些全国性的平面媒体相比，企业想在这些行业平面媒体上发布软文就会容易一些。

二、硬广嵌入式软文

硬广，顾名思义就是那些直接宣传企业产品或企业服务内容的传统广告形式。这种硬广形式，我们并不陌生。比如，路边的广告牌、公交站牌的灯箱广告、电视或是网络媒体上简单直接的产品宣传。

硬广作为营销推广的一种手段，优势与劣势同样明显，先说其优势。硬广最大的优势就是具有强大的“杀伤力”，在反复多次出现在公众视线的情况下，在公众的心中留下深刻的印象。相信大家对脑白金的广告都不会感到陌生，当年在电视上一蹦一跳地说着“今年过节不收礼，收礼只收脑白金”的卡通老头、老太太曾一度遭到很多人的反感。但是，就是这条一度让人反感的电视广告，却让脑白金变得家喻户晓。

脑白金广告宣传的成功，有其值得借鉴之处，也有其不足之处。其值得借鉴之处就是宣传力度大、影响范围广，以及有声有色具有动态性。

其不足之处就是商业味道太浓，容易让受众产生抵触心理，可信度较低。同时，这种硬广还具有传递内容简单、时间短、说教味道浓等弊端。不仅如此，与一些行业平面媒体上刊登的软文相比，电视硬广等费用相对高很多。

正因为如此，如果企业想要在硬广中嵌入软文，一定要在进行广告策划之前仔细地考虑广告软文。字斟句酌，使软文的内容更加生动、形象，更容易被读者接受。

有创意且形象生动的软文，比那些简单直白的硬广更具有宣传营销效果。图 1-9 是某汽车店的硬广嵌入式软文。

图 1-9 硬广嵌入式软文

三、社交媒体中的软文

随着移动互联网的大发展，各种社交媒体不断涌现。一些市场洞察力敏锐的商家已经意识到了在社交媒体上发布软文的重要价值。比如，一些商家就开通了微博、微信等社交平台的公众账号。通过在这些平台上发布一些优质的内容聚集人气，然后把这些平台当成最佳的软文宣传阵地，以较为隐蔽的方式发布软文内容，扩大企业影响力。

微博作为一个大众交流与分享的平台，几乎每时每刻都会汇集大量的信息，微博平台的开放性、随意性及时效性决定了微博内容具有快速传播的可能性。

经常使用微博的人几乎都有在平台上分享所见、所闻、所感的习惯。这种所见、所闻、所感的背后是博主的一些思想与独到价值观。这种分享一旦被传播出去，人们的排斥心理就不是很大。

比如，一些明星大腕就经常在自己的微博发布一些活动或新片的信息。这些信息发布出来，他们的粉丝不仅不会觉得反感，反而还会用心去关注、分享。这就是在微博平台上发布软文的方便之处。聚美优品的陈欧曾经在微博上发布过一条信息，如图 1-10 所示。

图 1-10　微博软文

表面来看，这条微博只是陈欧对自己行程安排的说明，但是这个行程里提到了一个非常有名的电视节目《快乐大本营》，这在无形之中就为《快乐大本营》做了广告宣传。

该条微博的转发量 5000 多，评论数 1.8 万多，点赞数更是近 15 万。陈欧拥有如此庞大的粉丝团队，一条微博发出后，所造成的影响力也是非常可观的。

当然除了这种分享式的微博内容，还有一种微博软文也非常火热。这种软文就是公众经常说的炒作。

炒作式的微博软文在娱乐圈最常见，如谁和谁曝出了绯闻、谁谁出轨等，等到公众的好奇心被吸引起来，转而去关注这些人的时候，一篇又一篇澄清的文章就会接连被曝出来。炒作式微博的运作模式就是抓住一个吸引人们注意的事件，使其持续地发酵，最终达到宣传推广的目的。

简单举个例子，在广药集团与香港鸿道加多宝集团对“王老吉”商标之争中，加多宝集团最终败诉，其在败诉之后迅速启动微博营销模式，在微博上发布了一组宝宝哭泣的图片。然而，就是这组配图软文让输了官司的加多宝迅速获得了人们的同情，重新赢得了凉茶销量第一的宝座，如图 1-11 所示。

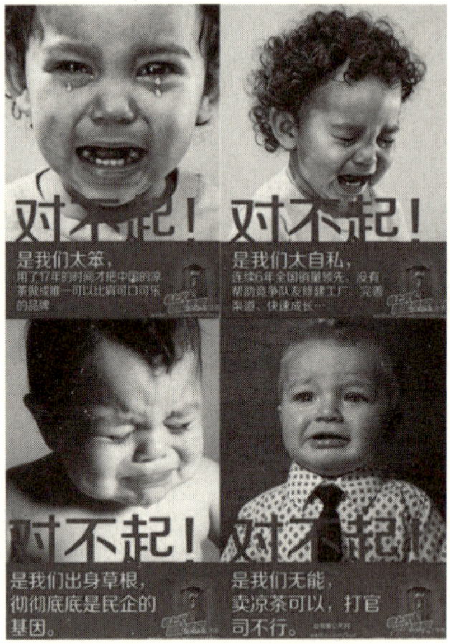

图 1-11　配图软文

四、论坛软文

社交网络的发达让人们更加沉迷与热衷网络，有不少网民在逛网页的时候喜欢去一些社区论坛灌水，一些人气比较高的论坛的影响力是颇为可观的。如天涯社区、19 楼等。在论坛上发布软文的成本相对要低很多，社区或论坛也会给你提供一个公共的发帖模板，只要你的内容足够吸引人，也能起到较好的宣传推广效果。

一般而言，论坛每个版块都会有版主进行管理，所以发文者不是想发什么就能发什么的，还需要遵守论坛的规则，否则很可能会被版主认为是水帖而遭到驳回或删除。

我们建议推广者在论坛发文注意以下 4 点。

1. 列好提纲、理清思路，简单明了地表明自己的观点

由于所有软文写作的根本目的都是为了说明一个道理，而不是为了抒发什么感情，所以观点明确、行文干脆很有必要。

2. 开篇一定要引人注目

写作文讲究虎头、猪肚、豹尾，写软文同样如此，只有开篇就吸引住读者的注意力，才能成功将自己想要传达的观点传播出去。

3. 展开自己所要描述的各个细节，完善软文内容

4. 结尾要余音绕梁，对全文做一个必要的补充

五、电商平台软文

这类软文一般是店铺或企业在电商购物平台的各个模块或自己店铺内的店铺详情页对产品及活动的公告、说明。

移动互联网的大发展，让智能手机大为盛行，与之相对应的，移动购物也在渐渐成为一种潮流。手机淘宝和微信购物受到了大家的追捧，在这些电商平台上进行软文推广，带来的很可能是最直接的流量变现。

同其他类型的软文一样，电商平台软文也需要注意一些技巧，最需要注意的有以下 3 个方面。

1. 在电商平台推送的软文一定要短小精悍

随着人们生活节奏的加快，越来越多的人习惯快速阅读。看到大篇幅的文字，往往就提不起阅读兴趣。这就要求我们在电商平台推送软文的时候，一定要把软文打造得短小精悍，能够让读者在快速阅读的过程中对企业品牌留下深刻的印象。图 1-12 是 Amii 女装专场在手机淘宝平台某模块打出的软文推广，简洁的文字，让人很容易就对这个品牌产生好感。

2. 标题一定要醒目

一篇软文的标题就好像一个人的脸面，如果一个人连自己的脸面都打理不好，就很难吸引别人的目光。日常生活中，我们不管是读书看报，还是选择一些杂志书刊，最先注意到的就是标题。如果文章的标题不够吸引人，我们或许连翻开它的兴趣都没有。这也给想在电商平台进行软文推广的人们提了一个醒，一定要记得给软文提炼一个响亮的标题，如图 1-13 所示。

图 1-12　电商平台软文推广

图 1-13　电商平台软文推广的标题

3. 考虑自己的行文方式读者是否能够接受

软文的最高境界就是让人在阅读软文的过程中感觉不到其中的广告味道。这就要求软文撰写者在撰写软文的时候，一定要注意自己的行文方式，行文要自然，增强软文的可信度和可读性，这样才不至于引起读者的反感。

自媒体时代是软文营销的天堂

自媒体的大肆盛行，为软文营销大开方便之门。借助自媒体这个全新的营销平台，越来越多的商家开始推广自己的产品和品牌。

如果你曾留意过微信平台的一些订阅号，就会发现，当你打开微信的时候，那些订阅号中总会出现一些或明显或婉约的软文。有些软文是经过自媒体的编辑精心策划撰写的，编辑想要传达的野心被巧妙地隐藏在了那些鸡汤式小文章里，有的则是厂家直接提供的硬广信息，软文之中有明显硬广嵌入的痕迹。

不管是成功的、让人乐于接受的软文，还是失败的、让人忍不住吐槽的软文，它们都在疯狂地占领类似微信公众订阅号上的一亩三分地。自媒体为软文的发展提供了滋生和繁衍的温床。

对于自媒体而言，软文的大肆盛行给他们带来了可观的利益，而对于软文而言，自媒体的盛行又开创了一个软文营销的盛世。下面，我们着重介绍两种最常见的自媒体工具及在这些自媒体上发文的技巧。

一、微信自媒体平台

随着微信成为人们日常生活中最受欢迎的社交工具，在微信上做文章的人也越来越多。他们瞄准了微信的公众订阅平台，通过创建自己的公众自媒体平台或借助一些知名的自媒体平台来推广自己的产品信息。

那些粉丝数量巨大的自媒体平台几乎每一期订阅内容都会推送一些含有广告成分的软文。与微博相比，微信的优势是微信里面的好友基本都是通过熟人关系网所结识的，这样通过微信所推送的内容往往更容易让人接受。微信中的软文，相对于微博来说，含糖量也更高一些。图 1-14、图 1-15 所示的两则文章虽然是在推销产品，但是标题内容起得非常有水平，行文也没有非常明显的硬广痕迹，再加上推送软文的平台比较专业，大大增强了软文的可信度。

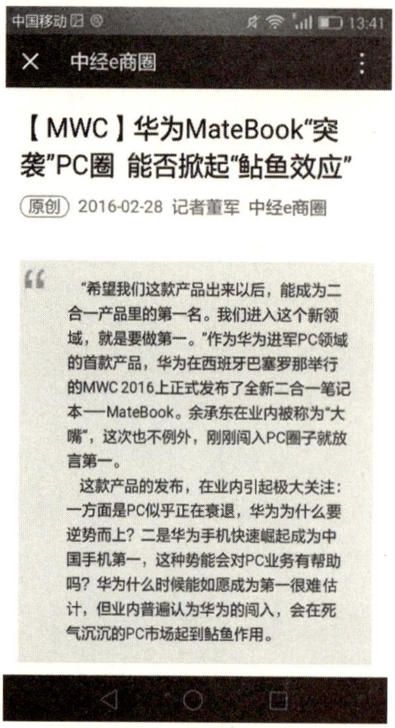

图 1-14 微信软文

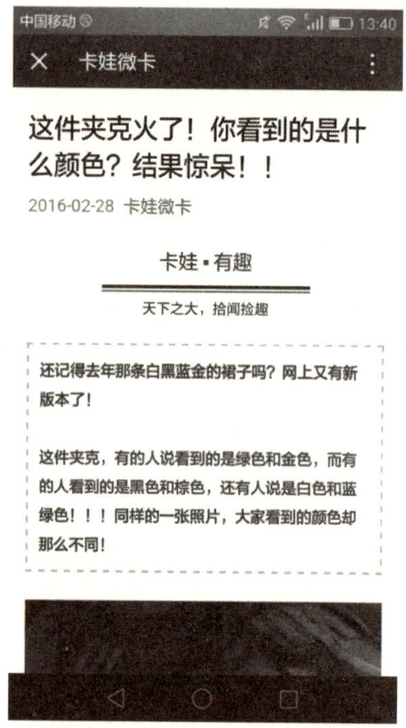

图 1-15 微信软文

企业若想达到最佳的软文推送效果，最需要注意的就是选择合适的微信自媒体平台。一个专业的自媒体平台发出的每一条内容，都会吸引众多读者的注意。如 O2O、大数据及中经 E 商圈等微信公众账号，它们都聚焦于互联网行业，互联网企业在上面发布一些新产品上市的信息就很正常，不会有广告之嫌。

二、微博自媒体平台

在微信没有诞生之前，微博可谓人们使用最频繁的社交工具之一。一些微博大咖凭借微博公众账号，圈得大量粉丝，吸引很多企业在他的微博自媒体平台上投放广告，借机获得不菲的广告费用。当然，也有一些微博是为了宣传企业的产品或品牌而建立的，在产品或品牌变得知名以后，该官微也会因为众多粉丝用户而变得非常有名。图 1-16 所示的就是电影《夏有乔木雅望天堂》的官微，在这个官微上聚集的粉丝几乎都是电影的真爱粉，该官微只要发布与电影有关的信息，就会被粉丝转发、点赞、评论，使信息持续发酵升温，成为官微上的热点事件，增强事件的知名度。

图 1-16　微博软文

在微博上发软文，需要注意以下两点。

首先，你所转发的东西对固定的读者群有用。

如果你经营一个美容护肤类的官微，那么你要保证自己所发布的软文内容能够切实留住那些忠诚的粉丝，赢得粉丝的喜爱与转发。如图 1-17 所示，该微博提出了一个众多女性都很关注的话题——肌肤敏感问题，快速抓住广大爱美女生的眼球，为自己接下来要推广的内容做好铺垫。

其次，微博软文要创意十足。

生活中，我们都有这样的经验，当碰到一些好笑的事情时，总想分享给身边的人。如果在撰写微博软文的时候，也能给软文里加上一些创意十足的想法，那么人们在捧腹大笑的同时就很乐意帮助你转发。

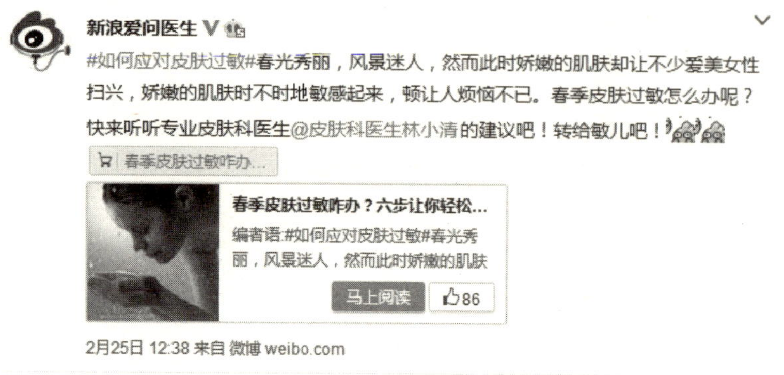

图 1-17　微博软文

在火车上，很多人都在玩手机。过了没多久，有一部分人抬起了头，一脸迷茫地看着窗外——他们是 iPhone 用户，手机电池没有电了；又过了一会儿，又有一部分人抬起了头，一脸失落地看着窗外——他们是 Android 手机用户，手机电池也没有电了。火车继续前行，这时车厢内发生了紧急情况，一部分人默默地掏出了手机砸开车窗，跳了出去——他们是诺基亚用户。

这则软文集故事性与幽默性于一体，让很多人在开怀大笑之际记住了品牌。

自媒体的大发展，给软文提供了更多绽放光彩的机会，但也给软文提出了更高的要求。如果企业在设计、撰写软文的过程中不多一些考量，那么不仅会砸了微博平台的招牌，还会惹来很多不必要的麻烦。这就要求企业在自媒体平台上宣传推广产品或塑造企业的知名度时，掌握一些让粉丝群更乐于接受的推广技巧。从读者角度出发为读者考虑并加入新鲜有趣的创意，无疑能为你的软文增色不少。

第二步 软文标题是软文营销的点睛之笔

我们常说“画龙点睛”，只有这睛点得好，龙才能栩栩如生。对于软文写作来说，同样也需要这样的点睛之笔。这个点睛之笔就是软文的标题，只有软文的标题提炼得好，才能在第一时间吸引读者，提升软文的影响力，使得营销推广的影响达到最大化。

不重视软文标题就做不好软文营销

软文的标题就好比一个人的外在形象，如果一个人的形象不好就很难给别人留下深刻的印象。同样，如果软文的标题不够醒目，就很难吸引别人的注意力，软文营销也就很难达到好的效果。

当我们在浏览一些网页资讯或一些公众订阅号发来的信息时，影响我们是否去点开它的重要因素是什么？想必大家会毫不迟疑地回答——标题。不能否认，在这个信息泛滥的时代，标题党正在抢夺着大多数人的视线。

比如，《惊呆了！一家小村子起家的企业，为何能风靡全世界？》这则软文的标题起得就非常有水平，让人在看到第一眼的时候就产生一种好奇，有一种想要继续阅读的欲望。反观有些标题，如《电商不死》的标题就很寻常，标题所要传达的主旨不明。如果不是非专业的阅读群体，基本不会对该类软文产生阅读兴趣。

正是因为如此，如果企业想要写好软文，就必须先要搞定软文的标题。对于任何一个软文撰写者及企业营销人员而言，不重视软文标题就做不好软文营销。

当然，想要为软文提炼一个引人瞩目的标题也并不是一件容易的事情。这需要软文撰写者或企业营销人员对软文标题的分类有清楚的认识。清楚在什么时候该运用什么样的标题才能让营销效果最大化。

一般来说，在软文营销领域最常见的标题有以下 6 种。

一、陈述式标题

顾名思义，陈述式标题就是将广告正文将要阐述的要点，在标题中简单地体现。这是目前软文营销当中最常用的一种标题拟定手法，如图 2-1、图 2-2 所示。

图 2-1　陈述式标题

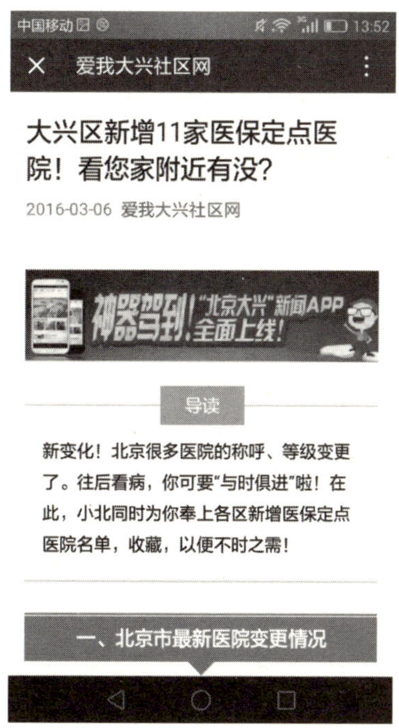

图 2-2　陈述式标题

使用陈述式标题写作软文的过程中，我们特别需要注意，这类标题的写法一般都是中规中矩的，虽然在行文过程中能够清楚明白地交代文章的基本信息，也能让读者快速感知到文章中的主要内容，但若是推广者能在写作的过程中适当加入一些新意的东西，效果则会更好。

二、新闻式标题

新闻式标题，实际上还是陈述式标题的一种，与陈述式标题的不同之处在于其信息发布的及时性及营销效果的时效性。

一般而言，新闻都具有一定的权威性，故而新闻式标题也比较正式、权威。新闻标题有单行、双行等多种形式，写作要求不是很高，只要能够清楚地描述出时间、事件、地点及人物等基本要素即可，图 2-3 所示即是典型的新闻式标题。

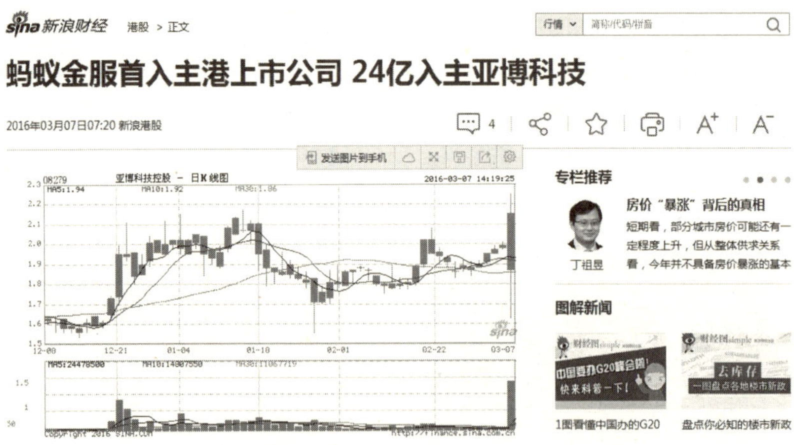

图 2-3　新闻式标题

新闻式标题最能吸引读者的地方就是能够给读者传递一个客观的事实，从而引起大众对事实动态的关注。采用新闻式标题的软文具有新闻的某些特征，因而更适合放到“行业新闻”或“行业专栏”中去，这样才可能达到该类标题最大的影响力。

三、悬念式标题

悬念式标题几乎是软文标题中最受撰写者与推广者青睐的一种。原因很简单，人天生都有好奇心，而悬念式标题通过在标题上设置悬念，可以很好地达到引起人们好奇心的目的。

比如，《广州日报》就曾刊登过这样一则《险！世界杯救了一家四口》的消息。这篇文章的标题，一下子就吸引了读者的兴趣。让人忍不住好奇，世界杯足球赛，怎么救一家四口的呢？

看完整篇新闻，读者才会恍然大悟，原来是一块约 3 平方米的水泥沙板晚上忽然从卧室的天花板砸下来，落到了这家主人房中两张相连的大床上，而幸运的是，这家人当晚正在客厅看世界杯足球联赛，比平时睡得晚，所以得以幸免。

一则寻常的天花板坍塌事件，经过作者巧妙地与“世界杯足球赛”联系在一起，便诞生了这样一个充满悬念的标题。

企业在进行软文营销的过程中，适当地提炼出一些具有悬念的标题，就能让自己的软文像吸铁石一样深深地吸引住读者，最大限度地宣传并制造出自己产品或企业的影响力。

四、号召式标题

何谓号召式标题？很简单，就是从软文的题目中能够非常清楚地感受到软文所散发出的鼓动性，进而号召人们快速做出购买决定。

号召式标题最显著的特征就是文字具有较强的感召力，能够引起读者的情感共鸣，从而使他们做出购买决定。

该类型的标题中最典型的就是一则关于王老吉的报道。

2008 年 5 月，汶川地震发生后，王老吉集团慷慨捐出了 1 亿元，成为国内单笔捐款最多的企业，他们的善举也赢得了社会各界的广泛关注。第二天，在一些网站、论坛内一则《封杀王老吉》的帖子被火热传开。

“王老吉，你够狠！捐了1亿元，胆敢是王石的200倍！为了整治这个嚣张的企业，买光超市的王老吉！上一罐买一罐！不买就不要顶这个帖子啦！”

这个热帖迅速被各大论坛转载，而王老吉这个民族品牌也由此得到了大幅曝光，成为了当年的销量冠军。

王老吉的销量夺冠与其选择的切入点有很大关系，赢得了民心、顺应了民意，进而成功地占领了各大论坛、博客及网站等舆论营销的前沿阵地，获得了网络营销的巨大成功。

五、提问式标题

提问式标题，就是通过提出问题来引起人们的关注，从而激发读者的阅读兴趣、引导他们深度思考及与软文撰写者产生共鸣，让读者留下深刻的印象。

比如，《“一晚只用 1 度电”纯忽悠？》《如果饿了么并入阿里，外卖 O2O 会变成啥样？》这类标题就在一些软文推广中很常见。这类标题往往是站在读者的立场来拟定，提出读者最关心、最在乎的问题，从而引起读者的关注与分享。图 2-4 所示的《如果饿了么并入阿里，外卖 O2O 会变成啥样？》就非常精准地把握住了一些外卖 O2O 企业最关心的问题，从而在第一时间吸引了他们的注意。

如果饿了么并入阿里，外卖O2O会变成啥样？

2016-03-05 O2O观察

天下大势，合久必分，分久必合。群雄逐鹿之后的外卖O2O市场，当前只剩下新美大、饿了么和百度外卖这样的巨头，而完成BAT站队后，外卖O2O格局或许大局已定。在手握资本的BAT面前，其他创业者难有更多机会了。

图 2-4　提问式标题

六、颂扬式标题

颂扬式标题，就是在标题上就表达出对某个产品或品牌的赞美之情。如雀巢咖啡的广告“滋味好极了”、骆驼电扇的广告“骆驼进万家，万家欢喜多”、美国 M&M's 公司巧克力的"只溶在口，不溶在手"等软文广告语基本都属于颂扬式。

采用颂扬式标题最需要注意的一点就是切忌夸大其词，而应该以事实为依据，否则就会遭到读者的反感。

七、诉求式标题

所谓诉求，就是采用叮嘱、希望或劝勉的语气，催促和引导读者采取相应的行动。因为是劝勉读者直接采取某种行动，所以要求软文的标题必须具备一定的情感，能够动之以情、晓之以理，最大限度地引起读者的共鸣。图 2-5 所示的"中国赚钱的方式彻底变了，再不懂就晚了！"标题用非常急迫的语气，唤起人们对钱的重新思考，进而引到"资本思维"层面，警醒更多的读者，刺激他们采取某种行动。

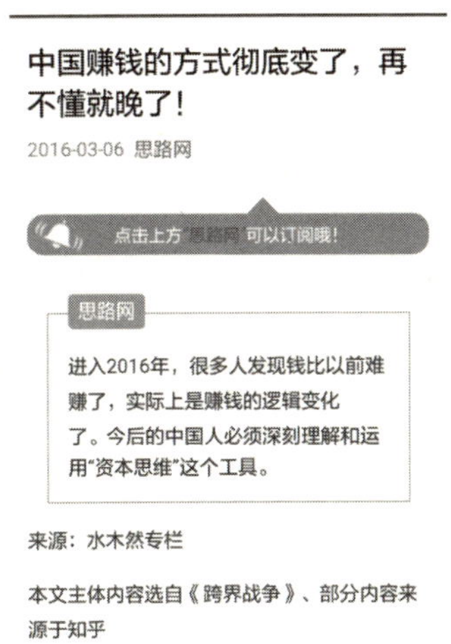
中国赚钱的方式彻底变了，再不懂就晚了！

2016-03-06 思路网

点击上方"思路网"可以订阅哦！

思路网

进入2016年，很多人发现钱比以前难赚了，实际上是赚钱的逻辑变化了。今后的中国人必须深刻理解和运用"资本思维"这个工具。

来源：水木然专栏

本文主体内容选自《跨界战争》、部分内容来源于知乎

图 2-5　诉求式标题

八、对比式标题

对比式标题，一般是将自身产品与同类产品进行对比，进而凸显出自身产品的优势，使得读者对你的产品印象更加深刻。图 2-6 所示的是作者将小牛电动与华为、腾讯做对比，以凸显小牛电动的强大潜力。

九、爆炸式标题

所谓爆炸式标题，就是让读者在看到题目的第一眼就产生一种强烈的冲击感。这种类型标题的软文，往往是不走寻常路的，虽然看起来与寻常的论调背道而驰，却能够在第一时间引起读者的阅读兴趣。图 2-7 所示的标题用“保住工作就是保命”的夸张论调，瞬间吸引了读者的眼球，让读者产生极强的好奇心，吸引用户继续完成阅读。

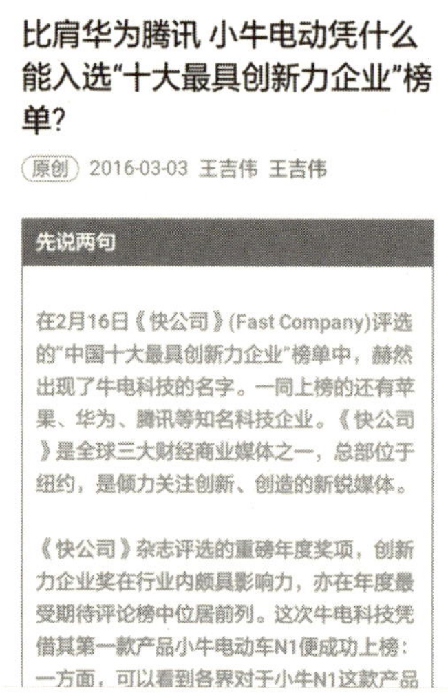

比肩华为腾讯 小牛电动凭什么能入选“十大最具创新力企业”榜单?

原创 2016-03-03 王吉伟 王吉伟

先说两句

在2月16日《快公司》(Fast Company)评选的“中国十大最具创新力企业”榜单中，赫然出现了牛电科技的名字。一同上榜的还有苹果、华为、腾讯等知名科技企业。《快公司》是全球三大财经商业媒体之一，总部位于纽约，是倾力关注创新、创造的新锐媒体。

《快公司》杂志评选的重磅年度奖项，创新力企业奖在行业内颇具影响力，亦在年度最受期待评论榜中位居前列。这次牛电科技凭借其第一款产品小牛电动车N1便成功上榜：一方面，可以看到各界对于小牛N1这款产品

图 2-6　爆炸式标题

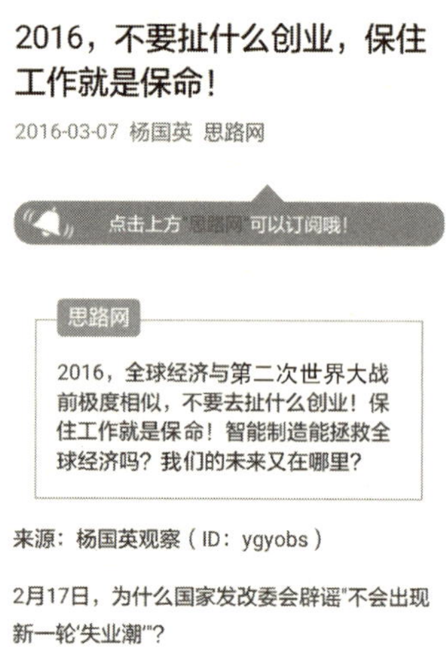

2016，不要扯什么创业，保住工作就是保命！

2016-03-07 杨国英 思路网

点击上方“思路网”可以订阅哦！

思路网

2016，全球经济与第二次世界大战前极度相似，不要去扯什么创业！保住工作就是保命！智能制造能拯救全球经济吗？我们的未来又在哪里？

来源：杨国英观察（ID：ygyobs）

2月17日，为什么国家发改委会辟谣“不会出现新一轮‘失业潮’”？

图 2-7　爆炸式标题

十、寓意式标题

寓意式标题一般是用比喻的修辞手法，使得标题更加形象、生动，进而使得软文成功吸引用户关注的目光。

寓意式与传统的比喻式还略有不同，比喻多是借助具体鲜明的形象来传达自己想要传递的思想，而寓意式则需要读者对象凭借自身的知识、修养等等对标题展开合理充分的想象，进而提高读者的阅读体验。比如，中国台湾某广告征集大赛上就有这样两个寓意式标题，非常优秀，其中一则是电饭锅的广告——给太太一份“安全感”，另一则是洗衣机广告——“闲”妻良母。

这两则广告的标题形象生动，用寓意深刻的语言诠释了软文广告的内容，很有新意。

十一、总结式标题

总结式标题一般是对某些经验的概括总结，能够让读者在看到的第一眼时就有所触动和启发。这类标题要求软文撰写者具有清晰的条理及逻辑性，能够让读者产生眼前一亮的感觉。

图 2-8 所示的就是用总结式的标题，吸引了爱美女性的注意。

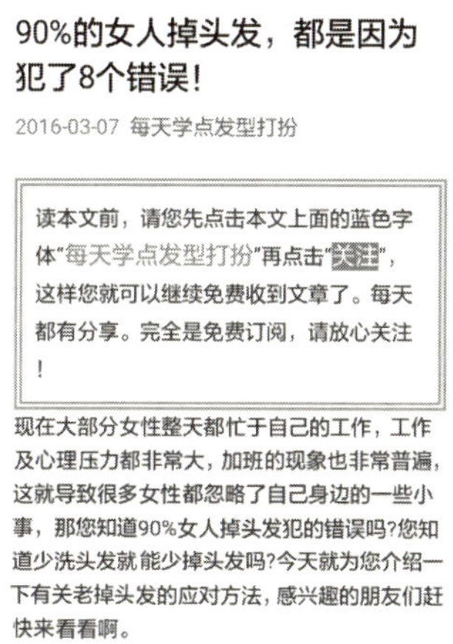

90%的女人掉头发，都是因为犯了8个错误!

2016-03-07 每天学点发型打扮

读本文前，请您先点击本文上面的蓝色字体"每天学点发型打扮"再点击"关注"，这样您就可以继续免费收到文章了。每天都有分享。完全是免费订阅，请放心关注！

现在大部分女性整天都忙于自己的工作，工作及心理压力都非常大，加班的现象也非常普遍，这就导致很多女性都忽略了自己身边的一些小事，那您知道90%女人掉头发犯的错误吗?您知道少洗头发就能少掉头发吗?今天就为您介绍一下有关老掉头发的应对方法，感兴趣的朋友们赶快来看看啊。

图 2-8　总结式标题

掌握了这些软文标题的撰写方法，就能在第一时间吸引到相应的读者群，让你的软文营销达到最佳的推广效果。

软文标题应该如何撰写

在与很多做网络营销的人聊天的时候，他们经常会有“软文真是不好写，费了九牛二虎之力写出来了，还没有人看”的抱怨。

为什么这些人挖空心思写出来的软文还是没有人看呢？其中最重要的一点，就是他们的标题起得不够好，没有在第一时间就引起读者的注意。

软文标题就好比一块磁铁，只有足够有吸引力，才能吸引大多数读者的目光。为此，不少人开始对软文标题进行深入的研究，有人就给这些专注于软文标题撰写的人取了一个非常形象的称谓，叫作“标题党”。

关于“标题党”，百度给出了这样的定义：“所谓标题党，就是互联网上那些利用各种新奇、创意的标题博取用户眼球，达到各种宣传管理目的的网站管理者及网民的总称。”标题党最显著的特点就是喜欢发一些有严重夸张的题目，而内容却与标题没有多大关系的文章。

虽然标题党在软文写作过程中给人哗众取宠之感，但是我们不能否认的是，这些标题党往往能够凭借创新及别出心裁，用短短几个字瞬间吸引住客户的眼球，迅速提升文章的点击率与网站的流量。比如，《31 岁丈夫与他的 3 岁妻子》的帖子，乍一看让人觉得匪夷所思，超出了人类正常的理解能力。等读者点进去就会发现，这个帖子所讲述的是一位军人与因车祸而只有 3 岁智商的妻子相濡以沫的故事。

很显然，这样“31 岁丈夫与 3 岁妻子”的标题，就比“妻子出车祸，丈夫多少年不离不弃”的标题更有吸引力。

这就是标题党的强大战斗力，虽然标题党因为这种剑走偏锋的行为受到人们的质疑，但我们仍可以借鉴标题党身上一些优势，为自己的软文提炼一个比较吸引人的标题，把软文的内容写得更加丰富、有内涵一些，这样一来，就不会有人用标题党来定义我们了。

当代软文营销推广的主要阵地，已经从以前的报纸、杂志转移到了互联网上。稍有留意就会发现，现在各大主流论坛及一些知名公众号几乎都已经成为了软文的集结地。在这些海量软文的包围之下，如果你的标题不够亮眼，是很难吸引到读者查看的。

说来说去，我们的重点还是要回归到软文的标题上面。怎样写标题才能更吸引人呢？比如，我们写一篇关于房地产营销推广的软文，标题就可以这样写，“国庆酬宾——买一套房，送一辆车”，这样夺人眼球的标题想必就会吸引更多人的注意。如果软文撰写者能再对软文的内容进行巧妙的整合处理，那么这就会是一篇相当完美的软文。再比如，红酒广告软文这样写：“年夜饭，给家人们开一瓶国宴酒”等。

能够成功吸引人们视线的软文标题都是有一定规律可循的，观察我们上面列举的一些软文标题，不难总结出这些成功标题的提炼规律。

一、标题简单明了，和软文的内容相契合

我并不提倡软文撰写者用特别长的句子作为标题。因为这样难免会让人感到冗余。如果读者连标题都没有耐心看完，又怎么可能会点开去看你的软文呢？

所以，这就要求我们的标题一定要简单明了，能够在第一时间传达出软文所蕴含的信息及软文撰写者所要表达的意图。

比如，素有狼性精神、有“鬼才”之称的叶茂中老师，曾创作过这样一些经典的软文广告语。

留下你的10元钱，也留下你的痔疮。

从我车里的后视镜里打量我的对手，是我一直的习惯。

不要脸的时代过去了，××× 润肤水。

如果你没有看过鲨鱼的蛋，千万不要让你的儿子跟你一样。

打得火热的男女也不会出汗，因为有 ×× 冷气机。

这些广告语言简意赅，让人一目了然地就了解到了软文撰写者想要传达的思想。如“留下10元钱，也留下你的痔疮”，既突出了药便宜又形象地说明了药有效。这种药很可能还有很多其他的优点，如没有副作用、见效快及使用方便等。但毫无疑问的是，便宜、有效才是最打动患者的，因而，标题中只说这两点就足够了。

软文撰写者一定要注意，千万不要想着眉毛胡子一把爪，也不要想着面面俱到，因为，这是不可能的。物极必反，当你想要事无巨细地展示某件产品的时候，反而容易弄巧成拙。图 2-9 所示的标题就简洁明了地提出了软文的主题——如何保障服务器的数据安全。

四招保护服务器的数据安全

2016-03-07 17:23 来源：九河互联 我来投稿 我要评论

A5交易 A5任务 SEO诊断 站长团购

对于一家互联网企业来说，数据就是命根，数据的安全对企业最重要。目前众多中小企业的数据都存放在服务器的硬盘中，而硬盘出现故障的可能性是所有硬件中概率最高的。现在有4个小方法能大幅度提升服务器的数据安全。

图 2-9　简洁标题

简洁明了的软文带给企业的最大好处就是可以提升软文的针对性，快速锁定读者对象。如“留下你的 10 元钱，也留下你的痔疮”这个广告标题，针对性就非常强，让那些痔疮患者一看就会想把这则广告快速看完。

二、标题要和现在流行的热门关键词联系在一起

流行的东西，往往最容易引起人们的共鸣，比如曾经在网上引起轩然大波的一个“不管你信不信，我反正信了”的言论。在这个言论最火的那段时间，以“我反正信了”冠名的软文标题搜索率直线上升。此外，互联网上一些流行的元素还有“坑爹”“有木有”“伤不起”等。以“伤不起”为例，有一个站长就写过这样一篇软文“谷歌，你让我们伤不起”，该软文大谈自己关于 SEO（搜索引擎优化）的经历，讲述了自己与谷歌之间的较量……

这篇“伤不起”的文章引起了不少站长的共鸣，也吸引了不少人浏览、回复。

由此，我们不难看出，软文其实就在我们身边。只要我们肯用心，生活中处处都是软文。那些天赋出众的软文撰写者，无一不是将软文和自己的生活联系在一起的。

三、内容要有亮点

软文的标题有亮点，才能保证在第一时间抓住读者的眼球，这就要求软文撰写者在撰写标题的过程中，选择一些具有冲击力的词汇。如“免费”“惊爆价”“老板疯了”及“惊”等。如图 2-10 所示，不仅文字具有冲击力，图片也具有冲击力，很能勾起人们的购买冲动。

图 2-10　有冲击力的标题

四、巧妙运用问号

不可否认，带有疑问的标题往往能够引起我们很大的阅读兴趣。这就启示我们，在软文撰写的过程中可以适当采用一些问句的形式。如图 2-11 所示，在一问一答中就可以提升一些商家与读者的阅读欲望。

免费直播 | 如何用百度竞价赚钱（实操+技巧）

2016-03-08 电商实战观察

听别人的故事，找自己的答案

图 2-11　问答标题

五、插入关键词

什么是关键词？简单来说，就是能够让推广的文章被更多的人搜索到的那些热度较高的词汇。比如，在移动互联网时代，粉丝经济、全面二孩等词汇比较热门。当软文撰写者在标题当中嵌入了这些词汇，就可能极大地提升软文被搜索到的概率，增加软文的曝光率。如图 2-12 所示，标题引入了当前最热门的词汇——移动互联网 +，这就能在某种程度上提升该软文的影响力。当然，在特定的专业领域，关键词还可能会有其他的含义。比如，你在淘宝搜索精品女装，“女装”就是关键词。

移动互联网 + 创新模式如何开展?

聚贤科技信息观察 2016-03-04 16:10:31 公司 企业 行业 阅读(116592) 评论(2571)

声明：本文由入驻搜狐公众平台的作者撰写，除搜狐官方账号外，观点仅代表作者本人，不代表搜狐立场。 举报

3月1日，湖南长沙，一家“互联网 +”领头羊企业、合法注册诚信经营的公司、通过微电商平台线上线下一年销售酒鬼、开口笑、太子奶等本省知名商品60多亿的新型企业一奇妙公司，遭遇了负责人被带走、服务器被抱走的情形。给该企业造成巨大的经济损失及社会问题。

图 2-12　插入关键词的标题

“文似看山不喜平”，这个不平在软文标题上已经能有所体现了。标题有新意，使第一时间吸引住读者，还怕自己的软文没有人看吗？如果你的软文内容再优质一些，那么你的软文推广就能获得丰富的流量、可观的效益，算是相当成功了。

撰写软文标题时常用的 78 个公式

标题好坏是一篇软文能否吸引流量的关键所在，也是一篇优秀软文的标志。因而，如何撰写出一篇吸引用户眼球的软文，是所有软文撰写者都非常关心的问题。对于那些软文写作高手而言，撰写一篇优秀的软文可能是一件非常轻松的事情，但是对那些接触软文没有多久的菜鸟来说，想要写出一篇高点击量的软文却并不是一件容易的事情。这里为那些初入软文领域的新手们总结出了 78 个撰写软文标题的常用公式。希望大家可以参考这 78 个软文标题常用公式，撰写出符合企业宣传推广需要的优质软文。

1. 13 个为 _____ 节省（金钱、时间）的小技巧。
2. 获得 _____ 最优价格的秘密。
3. 在网上怎样找到最好的 _____ 生意。
4. _____ 最好用的小工具。
5. 获得更便宜的 _____ 全攻略。
6. 盈利的 _____ 种方法。
7. 方便 _____ 的 10 个方法。
8. _____ 元钱以下最好的 _____。
9. 非比寻常但可以实现的 _____。
10. 进行 _____ 预算的 _____ 种方法。
11. 你花 _____ 钱，到底值不值?
12. 现在你可以免费 _____。
13. 谁想拥有 _____。

14. 怎样在较短的时间内获得 _____。
15. _____ 做，让你名利双收。
16. 怎样在 10 秒内 _____。
17. 拥有一个 _____，是足以让你自豪的。
18. 21 种 _____ 交流技巧。
19. _____，最好的东西送给最爱的自己。
20. 这是 _____ 真正需要的。
21. 你可以成为 _____ 的 7 种迹象。
22. _____ 年的 _____ 将如何影响 _____。
23. 关于 _____ 未来的 30 个预言。
24. _____ 的故事。
25. 如何克服对 _____ 的恐惧。
26. 10 种 _____ 诈骗及如何避免它们。
27. 你的 _____ 安全吗？。
28. 9 个最令人畏惧的 _____。
29. 野蛮的 _____，深深地影响了你。
30. 你的 _____ 不会告诉你 _____。
31. 提防 _____，掌握识别他们的技巧。
32. 不 _____ 的 10 种方法。
33. 怎样安全地 _____。
34. _____ 该做和不该做的。
35. 把 _____ 搞砸的 21 种方法。
36. 9 个 _____ 危险信号。
37. _____ 不该做的 8 件事。
38. _____ 专家最不想让你知道的 22 个秘密。
39. 10 个你最应该知晓的 _____ 真相。

40. _____ 成功的秘密。
41. 很少人知道的 _____ 方法。
42. _____ 的事实和谎言。
43. 你所需要知道的关于 _____ 的事。
44. _____ 告诉我们的 _____ 10 个谎言。
45. 大揭秘：为什么 _____。
46. 如何识别那些虚假的 _____。
47. 何时比较适合 _____ 或 _____。
48. 很少人知道的 _____ 方法。
49. _____ 受欢迎的 10 个理由。
50. 如何计划最优的 _____。
51. 怎样像 _____ 一样 _____。
52. 你可以做 _____ 的工作。
53. 一个有利于 _____ 的方法。
54. 一个快速 _____ 的方法。
55. 8 大创意，让 _____ 的方法。
56. 怎样成为一个 _____。
57. 拥有 _____，顺利完成 9 件令人惊喜的事。
58. _____ 做，更像一个专家。
59. 21 个专家 _____ 技巧。
60. 你应该 _____ 的 7 个理由。
61. _____ 好贵！好，所以贵。
62. 你可以购买的世界上最 _____。
63. 世界上最好和最坏的 10 _____。
64. 对 _____ 最友好的 19 _____。
65. 100 个有用的 _____。

66. _____ 比 _____ 更好的 3 个理由。

67. 世界上最失败的 _____ 建议。

68. 不增加投入的情况下推广 _____ 的 5 大方法。

69. 影视界关于 _____ 最 _____ 的 15 个剪辑。

70. 就是现在，花费较少的努力获得更多更好的 _____。

71. 用这 9 种方法，_____ 比预期要好。

72. _____ 的历史（或过去）。

73. _____ 的现代规则。

74. 来自历史的 _____ 教训（数目或者形容词）。

75. 每个人都应该知道点儿关于 _____ 的事。

76. _____ 性格测试：你的 _____ 是如何说你的。

77. 21 个最可笑的 _____。

78. 世界上最糟糕的 _____ 建议。

掌握这 78 个软文标题的写作模板，就能在撰写软文之前对软文内容整体构思，进而就可以撰写出最受读者欢迎、最能引起读者共鸣的优质软文。

撰写软文标题时需要规避的误区

软文的标题就好比软文的门面，只有这个门面足够靓丽，才会吸引更多人的观望、驻足。标题的撰写有很多讲究，并不是每个人拿起笔就能写的。如果不小心触犯了软文标题的一些禁忌，走进了软文标题撰写的误区，就很可能会让自己的软文变得无人问津，甚至是“遗臭万年”。

那么，软文标题撰写究竟都有哪些误区呢？常见的误区有以下 3 个。

一、不负责任的吹嘘

如今是互联网时代，信息交互变得非常频繁、简单。如果企业的东西质量不过关的话，很快就能传得人尽皆知。因而，企业或软文撰写者在撰写软文的时候，一定要本着实事求是的原则，不能夸大其词、过分吹嘘。

一般来说，软文标题的撰写应该符合企业、商品或服务的实际。软文虽然蕴含着一些夸张的成分，但这种夸张不是不负责任的漫天吹嘘，而是要与企业的实际相符合。

如果我们留心观察就会发现，市面上一些软文经常会出现这样的字眼："第一""最"及"超级"等。这些字眼给企业冠上了第一的标签，虽然看起来非常有气势，但是这样的字眼一出现，读者就会产生一种抵触和逆反心理。软文的效果一般也不会太好。比如，某报纸上就曾有过这样一篇报道《孩子长个子，更需蛋白质，家长可给孩子隔天吃一根海参》。

该软文开篇就利用了家长担心孩子长不高的心理，假意关心孩子的健康，"一般说来，女孩在 11 岁、男孩在 13 岁进入青春期后，在接下来的三四年内就进入了迅速长个子的阶段，这个阶段是孩子个头的关键期。"接着，将内容延伸到自己的主题上，"孩子长个子，最需要蛋白质。人体长高离不开蛋白质，据《中国居民膳食蛋白质的推荐摄入量》，生长发育期的孩子每日摄入的蛋白质量应在 70 ～ 85 克。近年来，很多懂营养的家长都会给孩子吃富含蛋白质和多种微量元素的天然海产品——海参。"

不出人们的意料，文章的最后开始介绍某品牌海参的质量、价格及订购方式。该文章虽然一开始引起了人们的阅读兴起，但是稍微有一点儿常识的人就不会受到这则软文的引导。因为他们知道，人体长高虽然离不开蛋白质，但更离不开其他的营养物质。而且，蛋白质的来源多种多样，海参并不是蛋白质的唯一来源。隔一天吃一根海参，有些牵强附会。此外，其虚构的新闻事实"很多懂营养的家长都会给孩子吃富含蛋白质和多种微量元素的天然海产品——海参"更是进行了不负责的诱导。这样的报道，是很难让读者买账的。

二、不恰当的比喻

在前文曾提到过，恰当的比喻能够为软文的标题增色不少。相反，如果标题的比喻不恰当，那么就容易让自己的软文贻笑大方。

当然，最主要的是，如果喻体与本体之间的关联性不大，甚至没有可比性，那么，就会让受众感觉莫名其妙，遭到受众的讥讽。更有甚者可能会影响受众对企业、产品或服务的印象。比如，某草珊瑚含片的广告语是“嗓子干痒，得吃草；嗓子痛，还得吃草；草珊瑚含片，新款！”这个比喻就非常不恰当，因为有点儿常识的人都知道，吃草的那是羊，人怎么能吃草呢？这样的比喻，不仅不会打动受众，还会让受众觉得不可理喻。

三、自娱自嗨式的标题

这类标题的写作者往往以偏概全，以自己的个体行为与感受替代所有受众的感受，替受众做出判断和选择。在这种一言堂标题下，受众很容易产生反感心理。比如，某个品牌巧克力的广告标题是“只要你喜欢巧克力，你就一定喜欢‘××’”，××巧克力或许真的很受一些人欢迎，但是这并不代表每个人都会喜欢它。软文撰写者以一种强势姿态，代替所有受众做出了选择，只会让看到这则广告的受众感到不悦。再比如，某个啤酒的标题为“您早该踏入‘××时代’”。软文撰写者在撰写这则软文之前，自我感觉过于良好，殊不知这样的软文标题恰恰会弄巧成拙。很多顾客在看到这则广告的时候会想：“我为什么一定要选择××？”甚至还会有一些逆反心理重的客户说：“你让我选择××，我就选择××吗？我偏不选择它！”很显然，软文营销效果会大打折扣。

这种代替受众做出主观判断的自娱自嗨的标题，往往只是软文撰写者或企业营销推广者的独角戏，很难取得优质软文营销的良好效果。

几大经典软文标题案例分析

软文对于营销的重要性，我们都很清楚。一篇成功的软文，能够起到化腐朽为神奇的作用，可以极大地提升软文的营销效果。

而决定一篇软文是否成功的一个关键因素就是软文的标题。就像我们在前面所说的那样，标题的好坏直接影响着人们的阅读兴趣的有无，而人们是否有阅读兴趣，则直接影响着软文所能带来的流量的多少。

优秀的软文在引流方面的作用是不容小觑的，但优秀的软文并不是那么容易就能撰写出来的。想要撰写出优秀的软文，就必须先想出优秀的软文标题。只有这样才能达到提纲挈领、一气呵成的效果。

软文营销领域每时每刻都会有大量的软文诞生，这些软文鱼目混珠，有的非常优秀，有的却乏善可陈。我们应取其精华去其糟粕，对于那些优秀的软文，学习值得借鉴的部分。在此，我选择了 3 则经典的因软文标题成功而获得不错营销效果的软文加以分析，以便更好地掌握软文标题的撰写方法。

一、新闻式软文：《一个被 99% 的人忽视的卫生习惯》

《西安晚报》上曾刊登了这样一篇报道。

“这是一个会让人感到尴尬和不适的话题，但是我们不应该回避。上完厕所，我们都已经习惯用纸擦拭，认为这样就是干净的，其实这是非常不卫生的，因为用纸根本无法擦干净！在发达国家已经开始摒弃这种做法，他们使用温水冲洗。这样不仅卫生，而且比用纸擦更舒服。我们祖上用瓦片、树叶，我们现在用手纸，将来应该用什么呢？洁身器。建设部颁布行业标准中明确指出，未来住房建设中，卫生间坐便器旁，必须预留 10A 洁身器插座！”

“不要小看便后用纸擦拭的习惯，它的危害很多。很多人以为用上卫生纸已经很卫生了，其实，这是一个很大的认识误区。用纸是根本无法擦干净的，就如同手脏了用纸擦不干净一样，必须用水洗。这个常识大家都知道，可是大家在处理便后清洁时，却都在使用卫生纸擦拭，这非常容易引起肛肠疾病和生殖、妇科疾病。大家都忽视这个问题的原因，一是缺乏这方面的宣传，二是此前并没有有效的解决方法。在医生的倡导下，很多讲卫生的女性，每天用水清洗下身；痔疮患者便后用水清洗，都是出于卫生考虑和防止感染的需要。有些家庭，为了体现干净并防止堵塞下水道，会在坐便器旁放个专门收集厕纸的纸篓。仔细想想，那么多用过的手纸就摆在那里，真卫生吗？这是家庭最大的污染源。彻底解决问题的方式是不再用纸而改用水洗。”

通过一系列新闻式知识的科普，该报道笔锋一转，引入了洗之朗洁身器。

“洗之朗之所以能够得到迅速普及，这与其特殊人性化的功能分不开。它的主要功能是便后温水冲洗，当您需要时，按下温水冲洗键，合适温度的净水就会在5秒内将局部冲洗的‘一尘不染’。这一功能，不仅可以带来卫生和舒适的享受，更是便秘和痔疮患者的福音，不仅省掉用小盆清洗的麻烦，更重要的是可以做局部水按摩。还有专门的女性冲洗喷头和按键，给予女性特殊护理。还有，天冷时，打开座圈加热键，你家里的马桶座圈就是温暖的，不用再经受冰冷的刺激。而且，这个功能全天开机值守，整个采暖季也只消耗区区几度电。还有很多诸如暖风烘干、座圈缓落、除臭、扫描冲洗等人性化功能。”

洁身器在国外已经成为了家庭生活中的必需品，而在国内的发展则处于刚刚起步阶段，很多国人对使用洁身器还不习惯。在这种大的环境下，这则新闻报道对洁身器的重要性进行大篇幅的报道，在向人们灌输健康知识的同时，也让人们认识到了洗之朗洁身器的强大功能优势。

这则软文是便后清洁产品洗之朗策划推广的众多软文中的一篇。软文采取新闻式标题，采用新闻体的写作形式，写作风格更是趋于新闻化，内容大多是对人们进行科普宣传。这让人们在阅读的过程中就不会产生排斥，从而为成功引出产品、推销产品做了充足的铺垫。

二、悬念式标题：《老公别把你的专业，变成伤害我的工具》

悬念式标题，顾名思义就是利用标题的悬念吸引住读者的目光，让读者在解惑的过程中，认识到软文推广者想要推广的产品的重要性。

《老公别把你的专业，变成伤害我的工具》就是一篇利用悬念达到推广目的优秀软文案例。该软文的大致内容是这样的。

男人经常背着女人用电脑聊天，当女人听到QQ的滴滴声，察觉到男人跟别人聊得火热，走进房间的时候，男人一看到女人进入房间，经常会说一句“破电脑，总是自动关机”。

让女人感到奇怪的是，每次男人说完这句话，电脑就真的关机了。一次两次，女人渐渐就产生了怀疑：为什么每次都是男人说完话之后，电脑才会自动关机？女人问了男人好几次“怎么回事”，结果男人总是用“电脑可能有问题”来搪塞她。次数多了，女人的疑心越来越重，就算电脑有问题，但学计算机出身的男人解决这些小问题不应该是很简单的事情吗？

因为男人平时工作很忙，一般只有晚上在家才会用电脑。女人在家的时间也不怎么碰电脑。一天，因为男人临时有事出去了，女人闲得无聊就打开电脑，开了音乐，戴上耳机，写东西。这时正好有一个朋友给她打电话，问起了电脑无故关机的事。女人就说：“也没什么，就是破电脑总自动关机。”这时，电脑居然真的关机了。女人非常奇怪，她跟朋友反映的都是男人遇到的情况，她以前使用的时候，从来没有碰上过这种情况啊！女人惊呼一声“见鬼了”，朋友在电话的另一端一个劲儿地追问怎么回事。女人把大致情况说了一下，然后朋友告诉她，可能是电脑里面装了什么语音控制程序。

女人看了看电脑桌面的语音播放器，只有一个千千静听。冲动之下，女人就把播放器卸载了。然而，卸载之后，理智告诉女人，这样可能会激起双方更大的矛盾。正在女人犹豫要不要将千千静听重新装上去的时候，电脑上突然弹出了一个页面：请问您卸载“××语音控制播放器”的原因是什么？接下来是几个常规选项。女人忽然就意识到了不对劲，因为，她刚刚卸载的并不是千千静听，而是和千千静听软件界面相似的一个播放器。就是因为这款软件支持语音功能，才让男人在女人走进房间的那一刻能用一句“破电脑自动关机”来掩饰自己所做的一切。

女人很失落，原来是男人特意下载了这样一个软件来欺骗她！通过百度搜索，女人看到了这款软件所支持的一切功能。原来，除了“破电脑自动关机”这句命令，人们还可以到它的网站下载其他的源代码。然后，就可以将“亲爱的”“辛苦了”等任何一句话作为语音控制的指令，欺骗自己的另一半。

女人重新把软件装了回去，但是她的心情却再也无法平复了。她不知道男人隐瞒了她什么，也不知道自己到底应该怎么办？更不知道为什么会出现这么多像“××语音控制播放器”一样的东西来帮助男人说谎……

该软文标题足够新奇，也足够吸引人的眼球，“工具”“伤害”“感情”这3个词放在一起，让人产生很多疑惑和问题，忍不住就会浮想联翩。单从标题上来说，就给读者设置了一个大大的问号。每个人在看到这篇文章之前，心中都会有一个自己的答案。当读者被故事的情节深深吸引，知道问题的关键是因为男人安装了“××语音控制播放器”的时候，很多读者可能就会产生这样的疑惑：“××语音控制播放器”真的有那么强大吗？语音可以控制电脑？在强烈好奇心的指引下，很多读者可能就会去百度搜索，这个软件到底有没有软文中所写的那般强大。

不得不说，这是一篇设计得非常成功的悬疑式经典软文。从标题到内容，自始至终都紧紧抓着读者的眼球，让读者不得不跟随作者的思路走下去。当谜底被彻底揭晓的时候，观众也就会因为好奇而去搜索这款语音控制软件。这篇软文的写作套路是很值得我们学习的。

一篇成功的悬疑式经典软文必备的 3 个要素，如图 2-13 所示。

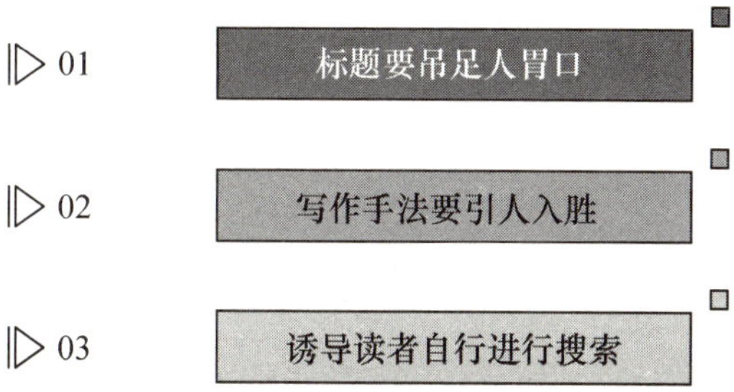

图 2-13　软文写作方法

首先，设置了一个可以吊足人胃口的悬疑式标题，勾起了读者的阅读兴趣。

其次，以讲故事的方式，将产品不着痕迹地穿插进去，让第三者见证了该产品的强大之处。

最后，诱导读者进行百度搜索，达成自己软文宣传的目的。

当然，想要成功运作该模式必须有一个前提，那就是保证自己的产品在百度搜索中的排名在第一位，否则，你写的软文再好，也是为别人做嫁衣。

三、提问式标题：《挖掘技术哪家强？山东技校找蓝翔》

与故事式标题有着异曲同工之处，提问式标题往往也能够在第一时间引起读者的好奇心与阅读兴趣，为接下来软文的展开做好充分的铺垫。

说起提问式标题，我们可能对这个经典的对话并不陌生："挖掘机技术哪家强？山东技校找蓝翔。"就是这则对话，让蓝翔挖掘机技校的知名度直线上升，成为网络上最经典的软文营销案例。

2014 年，在网络上曾有这样一个帖子被大量转发、评论，其内容如下。

"2000 年第一次公开恋情时，王菲 31 岁，谢霆锋 20 岁，王菲年龄是谢霆锋的 1.55 倍。2014 年，两人破镜重圆，王菲 45 岁，谢霆锋 34 岁，王菲的年龄是谢霆锋的 1.32 倍。现在问题来了：一、求两人年龄倍数与公历年的时间序列收敛函数；二、这事给张柏芝、李亚鹏留下了不小的心理阴影，求阴影面积是多少？三、如果用挖掘机填补阴影面积，那请问，挖掘机技术哪家强？”

挖掘机技术哪家强？知道蓝翔技校那则经典广告的人，可能就会在第一时间接上“山东技校找蓝翔”；而不知道蓝翔技校那则经典广告的人，可能就会在好奇心的指引下到网上搜索，最终百度搜索排名第一位的山东蓝翔技校还是会被搜索到。“挖掘机技术哪家强”几乎已经成为软文营销界最火的段子，而伴随着这个段子的持续升温，蓝翔技术学校也彻底打响了自己的名号，变得家喻户晓。

当然，除了我们提到的这 3 类软文，采用其他类型的标题而获得不错营销效果的软文也不少，碍于篇幅有限，我们就不在此一一列举了。

第三步
正文决定了软文营销的成败

看戏的时候，我们对这样一个场景可能并不陌生，一个优秀的老戏骨，一亮相往往就能惊艳全场。如果这位老戏骨还有真材实料的话，我们就会被其深深地吸引住，这场演出可以说是完美的。

软文营销也是如此，好的标题就象征着好的亮相，而优秀的正文则象征着精彩的表演。标题只是噱头，是把人们的目光吸引过来的前提；正文才是干货，是决定这场营销能否成功的关键。

写好软文开头，软文就成功了一半

在我们最初学习写作的时候，都学过这样一个写作原则：凤头、猪肚、豹尾。

什么意思呢？不难理解，就是文章的开头一定要漂亮，在第一时间就能吸引住读者的视线；文章的内文一定要丰富，让人读起来有所收获；文章的结尾一定要干脆利落，让人回味无穷。

对于软文写作来说，一个好的开头就相当于给整篇软文来了一个开门红，如果软文的内容足够精彩，那么，很可能还会赢来满堂彩。

现实生活中，我们都有这样的经验，在看某个电影或阅读某个故事的时候，决定我们是否继续下去的一个重要因素，就是这个电影或这个故事的开篇是否能够引起我们的兴趣。

我们常说，好的开始是成功的一半。对于软文写作而言，也是如此，软文的开头成功了，软文也就成功了一半。那么，好的软文开头都是怎么写出来的呢？

我们研究了一些比较优秀的软文，将那些效果较好的软文开头总结为以下 4 种类型。

一、开门见山型

开门见山，顾名思义，就是在开篇就开宗明义，直奔正题，为文章接下来的展开做好必要的铺垫。当然，采用这种方式开篇，要求软文撰写者能够快速切入正题，不能拖泥带水。图 3-1 所示的软文标题，内文主要是对华为手机的推崇，那么，在软文正式开篇之前，撰写者就直入正题，陈述了智能手机市场目前的现状，为引出华为手机做好了充分的准备。

智能手机秩序颠覆期，华为强变革下的创造力

原创 2016-03-14 柳华芳 小芳

文|柳华芳

智能手机是消费电子领域的金字塔塔尖，浮浮沉沉，出现了很多曾经伟大的企业，当触屏智能手机大行其道之时，智能手

图 3-1　开门见山型开头

二、情景导入式

所谓情景导入式软文就是在开篇之前，先引入或营造一种能够引出软文推广目标的氛围与情景，以便更好地激起读者的情感阅读体验。用这种方式

开头，往往能够有效渲染氛围、快速预热主题。

比如，有篇软文是这样写的：“妹妹趴在电脑桌上睡着了，妈妈看到后，放轻脚步走到妹妹身旁，将身上的 ×× 牌外套脱下来，轻轻盖在了妹妹身上。从另一个房间走出来的我，看到这温馨感人的一幕，不觉就红了眼眶。”

当然，说起情景导入式软文，最经典的例子还要数益达的电视广告。益达的广告有很多版本，我们列举其中一个加以说明。

（一名男士下班到超市）

收银员跟男士打招呼：“才下班啊？”

男士微笑着回应：“对啊！”

（男士买完东西结完账要走，收银员拿出两盒益达，一盒自己拿了，一盒放在收银台上）

男主角发现自己多拿了一盒益达，回头招呼收银员：“嗨，你的益达！”

收银员摇着自己手中的益达，笑着说：“是你的益达！”

情景导入式的开篇，往往能够让读者在不知不觉中被代入故事情节之中，此刻，推出企业的产品就会是一件自然而然发生的事情。

当然，还有不少软文撰写者的情境导入方式更加高明，往往没有丝毫痕迹就能达到自己的宣传目的。如图 3-2 所示，开篇说夏季干燥的天气会给女人的皮肤造成很大的伤害，然后深入分析脸红的症状及应对之策，最终引出想要推广的护肤产品。

综上所述，我们不难发现，想要写出一篇优秀的情景式开头软文并不是一件很容易的事情，软文撰写者需要重点关注以下 3 个要点。

首先，要有吸引人的情节，如果你的软文没有读者想要关注的东西，就没有人看。

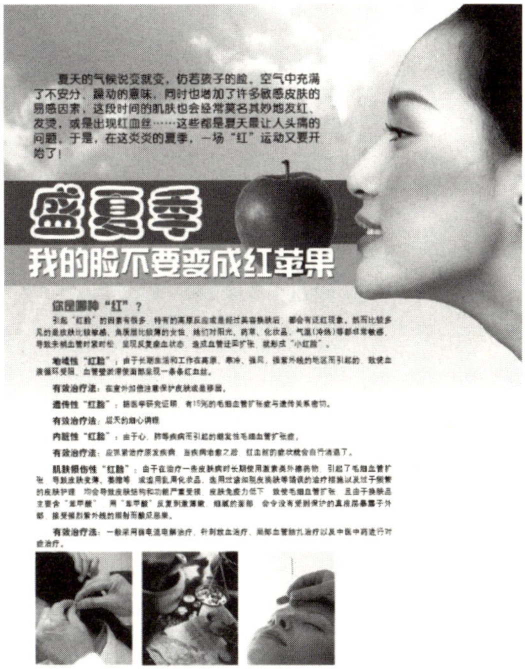

图 3-2　情景导入式开头

其次，你所要宣传推广的产品，必须在故事的发展过程中起到非常重要的作用。

最后，对所要宣传推广的产品，不可夸大其词。过犹不及，如果你言语夸张，难免会让人产生不真实感，最终影响整篇软文的推广效果。

三、夸张刺激型

在眼球经济时代，如果你第一眼不能抓住读者的眼球，就很可能会流失读者。抓住读者眼球的方式有很多种，在撰写软文的过程中，商家经常用到的就是夸张刺激型。

或许我们对商家这样的宣传手段并不陌生，我们走在大街上，一些门店外面经常会放着一个扩音喇叭吆喝“老板疯了，清仓大甩卖……”“跳楼价出清，错过今日，后悔一年！”等。

撰写夸张刺激型的软文，也需要讲究一定的技巧，其中最常被撰写者使用的技巧就是突出销量、低价及限时促销。

淘宝很多商家经常利用“天天特价”“淘清仓”及“淘抢购”等促销产品，利用的就是人们的这种心理。

四、联想猜测型

这种类型的软文开篇，与故事型的软文开篇有着异曲同工之妙，都是在软文一开篇就深深吸引住读者的眼球，引发读者的好奇，让读者产生猜测和联想，例如下面这则软文。

国氏之星忠告：理性艺考，理性瘦身

春天带着生命和希望步履轻盈地走来，北国的冰雪融化，万物复苏。曾经一度火爆的艺考也随着北京电影学院、中央戏剧学院、北京广播学院、北京体育大学及四川大学等艺考面试的逐一开展而引起人们的广泛关注。

艺考热，热了多年。究其原因，笔者认为主要有两个方面。一方面是艺术类考生对文化课的成绩要求低，而且那些家庭经济条件较好的学生，因为早年参加过各类特长培训班，或多或少都有一定的艺术特长。另外一方面是社会对明星的热捧。明星万人瞩目，或浪漫或奢华的生活让无数年轻的孩子都有当明星的梦想。这两方面的客观条件加在一起，也有很多家长都坚持让子女走这条路，艺考似乎成了通向成功的捷径。

……

艺术考试可能对文化课的要求不高，但是从事艺术行业，对一个人的艺术功底、文化储备及艺术天赋等要求却很高。当一个学生报考艺术院校时，可能会占一点点文化课成绩要求不高的小便宜，但是想过以后怎么办吗？想过这条路可能对自己只是条死胡同这样的事实吗？想过一个成功明星的背后是千百万个失败者的事实吗？对于父母而言，艺术之路真的是子女心甘情愿选择的吗？

冷静下来想想艺考热，或许能想出点道理来。与艺考同样值得思考的还有减肥。

据国氏之星健康俱乐部CEO王通介绍，每年因为艺考的面试环节而突击减肥的女生不胜枚举，她们为了在考官面前展示标准的身材，不得不急功近利地减肥。甚至慌不择路，选择了含有番泻叶或其他违禁成分的减肥产品和药品，身体是在短时间瘦下来了，但是对身体造成的伤害却已经不能挽回了。

已经是国氏之星健康俱乐部老会员的艺术院校大一女生王小姐感触颇深。她的文化课本来不错，在2011年艺考报名之前，为了让身体达标，从网上订购了某品牌的减肥茶，服用之后连续腹泻，但为了瘦身她还是坚持服用了一个月。结果身体确实达标了，但却生了一场大病。这一病让她的文化课没有通过联考而与艺术院校擦肩而过。

偶然的机会，王小姐听朋友介绍国氏之星健康俱乐部可以以健康为第一理念给予会员科学的瘦身指导。抱着尝试的心态，王小姐成为了俱乐部的会员。自然地接受了国氏之星推荐的北京格林沃德营养保健品有限公司生产的雅莱减肥饼干。两个月下来，瘦身成功，且身体状况更好了，文化课成绩也非常理想。饱满的热情，健康的身体，坦然与自信，使她如愿走进了艺术院校的表演系。

该软文通过对社会现象进行的一些反思，从而引发出一系列的问题，引导人们展开想象和联想，最终为顺利抛出软文的宣传目标做了充足的铺垫。

软文正文讲究合理的布局

写作就如同盖房子，房子在修盖之前先确定好图纸，才能保证房子建出来更漂亮、结构更合理。软文写作也是如此，在进行软文写作之前，能够做到胸有成竹，腹有乾坤，才能保证软文写作详略得当，构局精妙。

既然软文写作需要讲究布局，那么，什么样的布局能成功勾起读者的阅读兴趣呢？这里，我们主要介绍 7 种常见的软文正文布局方式。

一、悬念式

何谓悬念？很好理解，就是开篇就设置疑团，在第一时间引起读者的好奇，调动起读者的阅读兴趣。写作这种类型的软文，一般大多遵循这样的套路：当故事情节或人物命运发展到关键的时刻就有意将其岔开，或者引出一个奇怪的现象却不交代原因，让读者因为好奇而不断思考和探索，最后在合适的时机揭晓答案。如图 3-3 所示，文章开篇就提出疑问，引发人们的思考。在接下来的行文布局中，一步步揭晓答案，最终引出软文的写作目标。

公共免费Wi-Fi本来就黑，还是有人在黑Wi-Fi？

2016-03-18 猛科技

—还没关注？伸出手指点这里—

撞枪死的，躺枪死的，哪怕是没事作死的，都不算

图 3-3 悬念式开篇

写作悬念式软文也有一定的方法可循，一般而言，最常见的写作思路有以下 3 步。

第一步，尽可能让悬念持续的时间更长一些。看过侦探小说的人都知道，当一个案件没有被侦破的时候，读者的好奇心就会被一直吊着，而一旦答案得到揭晓，这种好奇心得到了满足，读者的阅读兴趣也就会随之下降一大截。所以，软文撰写者在撰写软文的时候，要尽量将悬念的时间延长，不要过早地点明结局，才能极大地调动起读者的关注与阅读兴趣。

第二步，懂得换位思考，从读者的感受出发，设置故事发展的情节。在移动互联网大发展的时代，用户思维逐渐成为企业发展的主流思维。在这种情况下，尊重用户的主观感受及用户的心理需求，就能很好地取得软文营销效果。

第三步，不断深化和突出悬念，直至最后水到渠成地将悬疑的面纱揭开，进而创作出最佳的悬念式软文。

想要取得最佳的悬念设置效果，软文撰写者可以采取以下 3 种写作方式，如图 3-4 所示。

第一种，开篇设置疑问。设问式开头，开宗明义，在文章一开始就提出疑问，可以激发读者的好奇及关注兴趣，这就为悬念更好地展开开了一个好头。

第二种，选择倒叙的方式。倒叙最大的好处就是能够在文章一开始就把故事推向高潮，将读者最关心、最感兴趣的事情展示给他们，接下来再陈述整个故事。这样的叙述方式，往往能够起到很好的先声夺人的效果。

第三种，跳跃式写作方式。所谓跳跃式写作方式，就是你说的某件事情引起读者兴趣时，忽然笔锋一转改叙另一件事情。这个时候，读者就会因为还在惦记着某件事情，而形成悬念。

图 3-4　悬念式软文的写作方式

二、欲扬先抑式

欲扬先抑式的写作方式，最大的特点就是文章起伏有变，情节曲折，可读性较强。自古以来，在写作之道上，抑扬相间，是最经典的一种写作方式。而现在，当这种写作方式被应用于软文营销领域时，往往也能取得意想不到的营销推广效果。

“抑扬”，很好理解，就是贬斥和褒扬的结合。在行文过程中，欲扬先抑，往往能够造成强烈的反差，很好地带动起读者的阅读兴趣。

对于一篇软文来说，刚看到开头就能知道结尾，这就算不上一篇成功的软文。都说“文似看山不喜平”，这就要求软文撰写者掌握一些能够让故事更加曲折的技巧。掌握抑扬结合的写作方式，就能很好地构建出软文的曲折性，赋予软文更加精彩的内涵。

比如，下面这则软文。

穿“哈特威”衬衫的男人

美国人最后终于开始体会到一套好的西装被一件大量生产的廉价衬衫毁坏了整个效果，实在是一件愚蠢的事。因此在这个阶层的人群中，“哈特威”衬衫就开始流行了。

首先，“哈特威”衬衫耐穿性极好——这是多年的事了。

其次，因为“哈特威”剪裁的低斜度及“为顾客定制”的衣领，使得您看起来更年轻、更高贵。整件衬衣不惜工本的剪裁，使您更为“舒适”。下摆较长，可深入您的裤腰。纽扣是用珍珠母做成的，非常大，也非常有男子气概，甚至缝纫上也存在着一种南北战争前的高雅。最重要的是“哈特威”使用从世界各角落进口的最有名的布匹来缝制衬衫，从英格兰来的棉毛混纺的斜纹布，从苏格兰奥斯特拉德地方来的毛织波纹绸，从英属西印度群岛来的海岛棉，从印度来的手织绸，从英格兰曼彻斯特来的宽幅细毛布，从巴黎来的亚麻细布，穿了这么完美的衬衫，会使您得到强烈的内心满足。“哈特威”衬衫是缅因州的小城渥特威的一个小公司的虔诚的手艺人所缝制的。他们老老小小在那里已工作了整整 114 年。

您如果想在离您最近的店家买到“哈特威”衬衫，请写张明信片到“G. F. 哈特威”缅因州渥特威城，即复。

上面这则软文是美国知名的广告大师大卫•奥格威最得意之作，软文开篇就提出了美国社会一个有趣的现象——一件衬衫毁了一套昂贵的西服。然后，对“哈特威”衬衫的来历进行了详细的介绍，在一步步解惑的过程中，将“哈特威”衬衫的制作细节与工艺细节展现在读者面前，进而使得读者最终明白了软文撰写者撰写这篇软文的目的。

三、穿插回放式

穿插回放式软文写作，有一个明显的优势，就是可以利用思维不受时空限制的特点，以某个事件或某个观点为契机，将想要描绘的内容以会议、倒放或插入的形式，形成一个有机的整体。这个事件或观点就好比将素材串联到一起的一根线，让整篇软文看起来更成系统。如图 3-5 所示，开篇先是点明当前的形势，接着穿插一些以往的情况，穿插往复中完成了整篇软文的布局与写作。

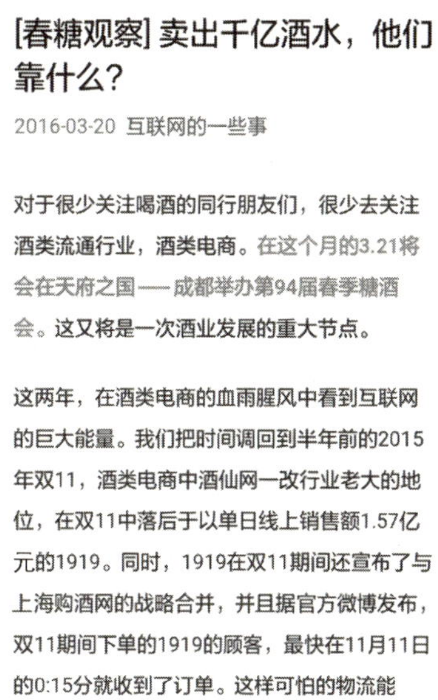

[春糖观察] 卖出千亿酒水，他们靠什么？

2016-03-20 互联网的一些事

对于很少关注喝酒的同行朋友们，很少去关注酒类流通行业，酒类电商。在这个月的3.21将会在天府之国——成都举办第94届春季糖酒会。这又将是一次酒业发展的重大节点。

这两年，在酒类电商的血雨腥风中看到互联网的巨大能量。我们把时间调回到半年前的2015年双11，酒类电商中酒仙网一改行业老大的地位，在双11中落后于以单日线上销售额1.57亿元的1919。同时，1919在双11期间还宣布了与上海购酒网的战略合并，并且据官方微博发布，双11期间下单的1919的顾客，最快在11月11日的0:15分就收到了订单。这样可怕的物流能

图 3-5 穿插回放式软文

四、片段组合式

片段组合式，就像电影剪辑一样，为表现一个共同的主题将那些生动、典型的片段通过艺术手法的处理，有机地整合在一起。用这种方式进行写作，无论是记人还是记事都可以在较短的篇幅内，达到较好的渲染烘托效果。如

图 3-6 所示，图片中的文字是美国 talon42 拉链的软文广告。全文以美国 talon42″拉链遭受的考验为整篇软文的线索，聚合了很多不同的场景、画面，为凸显美国 talon42″拉链的品质服务。

几百万的男人、女人和孩子都试着破坏 talon42″拉链，但都失败了。

还没有一种拉链在这么多的牛仔裤上经受过如此的考验。20 年中 talon42″金属拉链在 200 多万条牛仔裤上被拉伸、洗刷、绞扭和蹂躏，现在依然安然无恙。其优良的性能已被证明。这也就是为什么 talon42″是许多牛仔裤工厂的不可抗拒的选择。

所以当你选择一条牛仔裤的拉链时，请记住，几百万的男人、女人和小孩破坏过 talon42″金属拉链，你可以把他们的失败转化为你的成功。

图 3-6　美国 talon42 拉链广告

五、正反对比式

这种写作手法在带有议论性的软文中比较常见，通过正反两种情况的对比，来论证软文想要传达的观点。这种正反对比式的布局方法，往往能够将事情说得更加明白透彻。对于某些软文来说，在某些地方运用正反对比的论证方式，往往能够让软文更具说服力。图 3-7 所示的案例，标题就提出了一个有悖于常理的结论“最好的休息 ，不是睡觉”，既然不是睡觉，那是什么？正文通过具体的案例，对这个观点进行了形象的阐释，论证了“不科学的休息只会让大脑陷入混沌，效率更差，而做不同的事情就是休息”这一结论。

六、层递式

层递式又叫递进式，是指为了论证某个观点，层层推进、抽丝剥茧的一个过程。论述过程，往往是由现象到本质，从事实到道理；或者是从提出问题到分析问题再到解决问题。

使用层递式软文写作方式，需要特别注意软文内容之间前后逻辑的关系，这样才能达到最好的层递式软文营销效果。如图 3-8 所示，开篇提出主题，在接下来的行文中又引出软文想要宣传、推介的对象，这就为整篇软文的层层推进，奠定了很好的基础。

最好的休息，不是睡觉

2016-03-20 被窝阅读 酷划在线

我认识的网络红人A是一个激情四射的男人，感觉他每天都有用不完的时间：写书、讲课、看书、赚钱、参加各种节目，他把自己的时间分割成很多个小部分，今天这个部分干什

图 3-7 正反对比式软文

声音|保利集团：核心竞争力来自创新

2016-03-21 人民日报记者熊健 保利地产

摘要

30多年来，中国保利集团公司形成了"五业并举、多元发展"的格局，业务遍布全球100多个国家和地区及国内100余个城市，创新正是保利集团持续不断发展的源动力。

作为保利集团房地产业务的主力军，保利地产将创新发力点立足于主业相关的业务多元化，深耕社区消费、健康养老产业，核心目的仍是完善房地产开发产业链，提升产品和服务的内涵，实现有质量增长的目标。

图 3-8 层递式软文

七、总分总式

在我们开始学习写作时，最先掌握的一种写作手法就是总分总式，标准的三段式写作套路，曾经是很多人的写作宝典。

在新闻学中，总分总式的写作手法又被称为"倒三角写作法"，第一段往往是以一种较为精炼的语言对某个事件进行概括性的描述。这段精炼的语言，通常会包括事件的主体、客体，发生的时间、地点，以及这个事件的意义等。

第二段主要是进一步展开第一段，交代事件发生的背景及相关细节，重点是通过阐述事件引出软文所要传达的目标。

第三段则是对事件的总结，从战略意义上"拔高"对事件的认知。如图 3-9 所示，该新闻从 HTC 推出的一款新机谈起，通过条条框框的分析，得出自己想要传达的结论。

先驱还是先烈？ HTC借Vive复兴难言成败

原创 2016-03-20 李正豪 中经e商圈

> 由于智能手机业务持续下滑，最近几年HTC业绩一直极弱不振。最新数据显示，2016年2月HTC实现营业收入42亿元新台币，是最近10年表现最糟糕的一个2月。但发布业绩数据后HTC股价不跌反涨——3月3日至14日的7个交易日，从81元新台币暴涨至125元新台币，涨幅高达54%。这一切因为VR？

这一切都缘于HTC Vive的预售。《中国经营报》记者从3月10日的HTC Vive开发者峰会上获悉，HTC Vive开启预售的15分钟之内，就卖出了15000台——按照人民币6888元/台计算，收入超过人民币1亿元。HTC未披露Vive进一步的预售数据，但这并不妨碍投资者看好HTC的未来、推高其股价。

HTC真能凭借VR一扫颓势彻底翻身吗？一位IT观察家认为，在智能手机市场开启阶段，HTC凭借出色表现迅速成长，但两三年以后却又快速滑落；2016年是VR元年，HTC Vive又是明星产品，这一定会改善HTC的业绩表现，但HTC在VR上是否会再一次“先扬后抑”仍未可知。

要做Vive生态圈“盟主”

智能手机市场是“双雄”——苹果“iOS生态圈”与谷歌安卓阵营的对决。HTC由于和谷歌结盟，率先投身安卓阵营，因此受益良多。

图 3-9 总分式软文

软文正文的常见布局主要就有这 7 种。前面 4 种经常会用于记叙形式的软文写作，而后面 3 种则常用于议论形式的软文写作。当然，一篇软文可以有多种写作形式，并无固定的模式。只要写得好，读者乐意阅读，肯接受，就是成功的软文。

软文结尾的重要性也不可忽视

好的音乐讲究“余音绕梁，三日不绝”，好的文章也要讲究完美结束，回味无穷。因而，软文结尾的重要性也不可忽视。

软文开头的主要作用是开宗明义，而软文结尾的主要作用则是总结全文、突出主题及回应前文等。虽然与软文的标题及软文的开头相比，软文的结尾相对而言要好写一些。但是由软文结尾的重要性决定了软文推广者同样需要掌握一些软文结尾的写作技巧。

既然如此，如何才能写出效果最佳的软文结尾呢？我们可以学习以下 8 种软文结尾的写作方式。

一、首尾呼应式

这种类型的结尾是最好写的一种，一般来说，这种软文多是总分总式的软文，结尾只要根据开头来写，达到首尾呼应的效果就好。大多时候，这类软文是在开篇提出观点，中间正文进行分析，结尾的时候自然而然地对开篇进行总结即可。如图 3-10 所示，分别是软文的开篇与结尾。开篇点题，结尾呼应，达到了很好的说服效果。

反互联网而行，生鲜电商还有戏吗？

2016-03-16 石三郎 O2O观察

现阶段做生鲜O2O为时尚早，线上线下一体化的市场远未成熟，损耗、配送、获客等成本高居不下带来巨大发展压力，盈利无法支撑持续运营，线下才是卖菜的“王道”。

可是，田鲜蔬菜这种非常传统的迂回战略，是不是生鲜商家等待生鲜电商春天到来的正确姿势呢？不过，在行业高烧不退，将互联网化作为不二之选的情况下，这种逆势而行的冷思考和探索本身是有价值的。尤其以蔬菜品类为主的垂直生鲜电商，因为面向的消费群非常传统，改变其消费习惯几乎不可能，回到线下，走近大叔大妈，应该是当前最为靠谱的路线。

图 3-10　首尾呼应式软文的开篇与结尾

二、结尾点题式

这类软文跟那种总分总式软文不同，在最初并不会点到全文主旨，而是会逐渐递进，当层层剖析到一定程度的时候，自然结束全文。在结尾处，用一两句话简明扼要地点明文章的观点，如图 3-11 所示。

《天增岁月人增寿　健康好油暖万家》

新年快到了，镇政府一如往常决定购买一批礼品，送给镇的五保户和生活贫困户以示慰问。往年送的都是毛巾被、皮鞋等日常用品，虽然没什么不好，但是体现不出多大的意义。（**开篇**）

这些受赠的家庭大多生活困难，平时饮食非常节俭，身体的营养得不到正常的补给，他们最需要的就是营养食品，而且是真正能调节身体内在机理平衡的食品——金龙鱼第二代调和油正好满足了这些特点。

78岁的陈老伯拿到政府送的金龙鱼调和油，感动得热泪盈眶："我一把年纪了，还能得到政府这么无私的关怀，我心里感到很温暖。"（**结尾**）

图3-11　结尾点题式软文

三、自然结尾式收尾

这类收尾方式常用于记叙性软文。在软文正文内容结束以后，不刻意设计内涵深刻的句子，也不去描绘丰富的软文体征，而是水到渠成地结尾。让读者感觉到自然，既在意料之外，又在情理之中。这类型的软文以情感故事类居多，如下面这篇软文。

19年的等待，一份让她泪流满面的礼物

他们结婚19周年纪念日，恰好是圣诞节。

几天来，她一直头疼、失眠，心里特别郁闷。食堂的工作太繁杂，整天忙得焦头烂额，她简直不想再做了。工业区食堂几千号人，财务账目一团乱，经常有漏洞，员工管理也复杂，售票时人员不够用，闲时人多没处用，双休日几乎没有休息过，简直让她身心疲惫……

他笑着拍拍她的肩："你永远改不了追根究底的毛病，我是为你解决烦恼，又不是给你添麻烦，当然要选最省心的品牌，卡联科技是IC卡行业内唯一的100强企业，你还担心什么？只要你轻松快乐起来，花多少钱又有什么关系呢？"她再也忍不住了，将头埋在老公的胸前抽泣起来。老公原来一直深爱着她，这是她结婚周年收到的最好礼物，也是最令人惊喜的圣诞节礼物。

将产品嵌入情感故事之中，叙述自然，不见丝毫斧凿痕迹。让人读起来没有任何的排斥感，是比较成功的软文写作案例。

四、名言名句式收尾

名言之所以会成为名言，是因为名人的话总是能够给人以深刻的警醒，引人深思。在软文写作过程中引用名言，往往能够起到“言有尽，意无穷”的写作效果。软文推广者在写作过程中，如果能够在结尾引用一些名人名言，那么就能够为文章增色不少，取得不错的宣传推广效果。

五、回味无穷式的结尾

在写作领域，写作高手非常喜欢的一种写作方式，叫作留白。也就是在文章结尾处给读者留下一个自由想象的空间，让读者自行想象，自己续写作者的心思。这样的阅读同样可以让读者获得不错的阅读体验。

比如优乐美奶茶电视广告就曾撰写过这样一段对白。

语晨问：我是你的什么？

周杰伦：你是我的优乐美啊！

语晨：原来我是奶茶啊！

周杰伦：这样，我就可以把你捧在手心了！

周杰伦说的最后一句话就让人有言有尽而意无穷的感觉，给观众留下了大量自行想象的空间。这样一来，观众在自行想象的过程中，就会对产品印象深刻。

六、抒情议论式收尾

这种方式的收尾经常用于写人、写事及描写等类型的软文中，常见于说明、议论等类型的软文中。采用抒情议论式的收尾方式，能够自然地流露出软文撰写者的真情实感，进而引发读者的共鸣。

麻辣小龙虾店投资正当时，尚滋味品牌连锁加盟优势突出

近年来，随着人民生活水平的提高，对于餐饮的需求也越来越大。各色美食中，小龙虾的风靡有望成为餐饮业的新秀。就目前情况看，上海、江苏、浙江、安徽、湖北等地专业小龙虾店已经遍布大街小巷，成为大家休闲用餐和夜宵的首选，这也彰显了未来小龙虾餐饮店的一种发展趋势。在这种形势下，专业小龙虾连锁加盟品牌“尚滋味”也应运而生，以其精湛的小龙虾烹饪技术、成熟的管理经验、低成本高回报的投资模式受到了广大创业者的欢迎。（开篇）

……

据悉，“尚滋味”在加盟店筹建过程中，在选址方面给予加盟商指导，并且免费给加盟商提供店面评估服务，帮助加盟店选好店址，大大提高开店的成功率。同时在新店筹备中，针对店面设计、人员招聘、设备采购、开业营销提供全程贴心的服务，帮助加盟商少走弯路。（结尾）

文章结尾将软文营销的主旨加以深化，使得软文的宣传推广效果更佳。如果该软文能使读者有所意动，这则软文的写作就是非常成功的。

七、祝福式收尾

祝福式收尾在软文写作过程中也比较常见。比如，一些教育培训机构在宣传推广自己的课程时，常常以祝福式收尾，祝愿每一位前来报名的学员都能学有所成，获得自己想要的学习效果。

八、请求号召式收尾

请求号召式收尾方式常常用于公益性质的软文写作中，软文撰写者在前文讲清楚道理的基础上，在结尾处向人们提出一些中肯的要求或发出某些号召。比如，呼吁拒绝二手烟的软文，在结尾处就写道：“让我们共同抵制在公共场所吸烟的行为吧！”

请求号召式的收尾最显著的特点就是通过软文的撰写引起人们的共鸣。

掌握了这 8 种软文结尾的写作方式，软文撰写者在撰写软文的过程中，就能做到得心应手、游刃有余。

植入行动目标的软文才是合格的软文

在说这个问题之前，我们很有必要了解一下什么才是软文的行动目标。简单说来，软文的行动目标就是软文的写作目的。

企业在进行软文推广的过程中，有时候为了取得较好的软文推广效果，会推出一系列的软文专题报道，这时候就需要软文撰写者能够清楚自己撰写每一篇软文的目的，并为完成这个目的展开全文的写作。

作为系列软文中最先面世的软文，它们的主要作用是为了后期的宣传推广做铺垫，所以读者在读这些软文的过程中，可能读不出丝毫的广告痕迹。但是，正是这种潜移默化的影响，才能取得后发制人的营销效果。比如，脑白金广告在真正进入狂轰滥炸式的硬广推广之前，曾推出了一系列的软文报道。

在第一轮软文营销中，脑白金公关团队先是在一些权威的报社刊登了一些新闻软文。最早的文章有《人类可以长生不老吗？》《两颗生物原子弹》等，这两篇文章表面上看是普通的科普知识，但实际上却是为了脑白金后续软文的发布作铺垫。其中“两颗生物原子弹”更是为推出“脑白金”这个概念提前预热。

第二轮软文营销中，脑白金团队又推出了《一天不大便等于抽三包烟》《人体内有只“钟”》《夏天贪睡的张学良》《女子四十是花还是豆腐渣》《宇航员如何睡觉》等经典软文。这一轮的软文普及的力度更大，直击用户最关心、最需要解决的问题，最后刊登了启事，留下咨询电话，达到引导消费者找到产品的目的。

植入行动目标除了经常被用于产品推广类软文之外，在公关类、维权类软文的写作过程中，也经常被用到。公关类及维权类软文往往是为了营造出一种特定的氛围，为了扭转某个不利的局面，或为了维护某些合法的权益等。

随着软文营销推广的方向与内容不同，软文的行动目标也不同。一般而言，软文的行动目标主要有 3 类：**第一类，为了达成某种特定的目标；第二类，为了后续植入广告做铺垫；第三类，软文广告**。前两类基本不需要考虑行动目标的植入问题，只需要把握住文章的中心思想与论据，直接用语言文字表现出来即可；后一类则需要充分考虑到行动目标的植入问题。

只有那些能够成功植入行动目标的软文，才能顺利地达到软文营销的目的，为产品宣传、氛围营造或局面扭转造势。

比如，《一个被 99% 的人忽视的卫生习惯》是在 2003 年非典期间推出的一则软文，该则软文发表之时，正值全国上下都在大力声讨卫生陋习之际，该软文在进行了一系列的铺垫之后，引出了植入的行动目标，某品牌的如厕清洗产品，取得了不错的效果。

那么，除了这种目标植入方式，在软文撰写的过程中还有哪些目标植入方式呢?

最常被软文撰写者用到的植入方式有以下两类。

一、不太软的植入方式

这种植入方式，一般是以新闻报道、专访、访谈及评论等形式，对所要推广的产品或服务进行直接的品评和描述，不需要婉约地展现，直截了当地对软文推广的对象进行宣传即可。如图 3-12 所示的软文，从标题到软文内容直接就是对 TCL 的正面评论与报道，这种看似很硬的宣传推广方法，有时候反而能够起到非常明显的宣传推广效果。

TCL“软硬兼施”引导科技界风潮

2016-04-10 孙聪聪 中经e商圈

❶ 工匠精神为中国制造业谋福祉

“一个行动接着一个行动，一个决策接着一个决策，飞轮一圈接一圈转动，一旦积累到足够的动能，便会产生‘持续而壮观’的效果。”吉姆·柯林斯（Jim Collins）在《从优秀到卓越》一

图 3-12　不太软的植入方式

二、需要巧妙植入行动目标的软文

软文撰写者在撰写这类软文的时候，需要多花费一些心思，在植入行动目标的时候能做到浑然天成。对此，我们可以采用以下 5 类行动目标的植入方式。

1. 以举例的方式展示产品的信息

在列举企业的相关产品时，可以适当地展开，多写几个字，这种方式经常被用于平面媒体的软文撰写过程中。

2. 借用名人的口吻，以名人的身份说出来

如据某专家断言、据某权威部门统计等。当然，这些借用的话，一定要真实可靠，而不能是自己随意杜撰的。

3. 在标题中嵌入关键词

这种类型的软文经常会被用于门户网站的宣传推广中，比如，钛媒体上的文章，就经常会有这样的关键词嵌入“钛媒体认为……”虽然这类植入方式没有融入太多的产品信息，但是因为在行文的过程中多次提及了企业的产

品、名称及品牌，所以也能达到一种不断深化的效果。

4. 悬念故事式

这种类型的植入方式经常会被用于论坛软文推广，在软文开篇就引起读者的阅读兴趣，然后围绕着需要植入的目标编故事，故事的展开以服务这个植入目标为宗旨。这种植入虽然很容易让读者看破软文撰写者的目的，但只要故事可读、新颖，读者还是愿意买账的。

5. 超链接及插图植入形式

这种方式经常被应用于网络软文推广过程中，在结合前面 4 种植入方式的基础上，配以精美合适的图文，达到最佳的宣传推广效果。

软文正文写作应该掌握的几个关键点

一篇优秀的软文需要从开头到结尾都非常精妙，拆分出的每一个部分都要让人无可挑剔。这样才可能最大限度地提升软文的宣传推广效果。

当然，这些要点只是从软文写作的各个部分入手，向大家展示了软文写作的一些必要条件，想要从整体上写好一篇软文，就需要从整体上把握以下 3 个写作要点。

一、增强软文的说服力

真正成功的软文，应该是在读者阅读之后就有所感触，与软文所传达的基本思想产生共鸣的软文。这就需要软文撰写者能够恰当运用一定的技巧，增强软文的说服力。简单说来就是你所写出的软文中的观点能够让读者信服，从而让读者在不知不觉中服从你的软文行动目标。

这需要软文撰写者怎么做呢？从以下两点入手即可。

1. 从消费者的感受入手

你的软文写得再漂亮，如果得不到消费者的认可，那你的软文推广也是失败的。真正的软文营销高手最经常思考的问题，就是如何攻陷消费者的心理防线。想要攻陷消费者的心理防线，就需要我们掌握，图 3-13 所示的一些技巧。

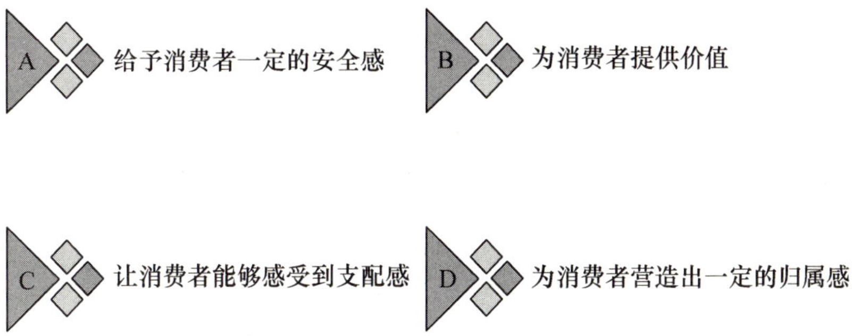

图 3-13　从消费者的感觉入手

（1）给予消费者一定的安全感

人都是趋利避害的动物，内心对安全都有一种极度的渴望。这就要求软文撰写者在撰写软文信息的时候一定要考虑到消费者对安全的需求。将产品的功能性与安全性完美地结合起来。

如某电压力锅产品在进行产品推广的时候，曾提到了这样一点，电压力锅在运行过程中遭遇到电压不稳的情况下，可自行断电。该产品的这一特点，无疑就能让很多担忧安全性的家庭妇女放下心中的石头。

（2）为消费者提供价值

不管消费者购买何种产品，他的出发点都是为了能够解决某个问题。所以，如果你能在软文中提及你的产品所能带给他的价值，就能极大地提升软文的宣传推广效果。比如，“脑白金”现象之所以持续高烧不退，就是因为脑白金满足了很多年轻人孝敬父母的价值需求。

（3）让消费者能够感受到支配感

何谓支配感？就是他有一种“我说了算”“我的地盘，我做主”的感觉。现实生活中，每个人都有很强烈的支配感，软文撰写者如果能适当地满足消费者这种内在的心理需求，就能极大地提升软文的宣传推广效果。

（4）为消费者营造出一定的归属感

何谓归属感？简单来说，就是“你属于哪一类人”。很多年轻的女性在逛商场的时候，一旦遇到老练的导购员往往就会招架不住。这些导购员最经常用的销售技巧就是激发客户的归属感。比如，有些导购员可能会这样说：“这款裙子是此季刚出的款式，最适合您这样时尚又有内涵的女性。”一旦导购人员为消费者营造出了归属感，产品就很容易被消费者接受。

2. 掌握一定的语言技巧

软文虽然是以字面的形式呈现在读者面前的，但也需要注意措辞用句，一些会让人感觉不舒服的话语，不仅起不到良好的软文营销效果，还会引来读者的反感。这就需要我们掌握一定的语言使用技巧。

（1）在传达某种观点的时候，如果能找到具体的数字，那么就不要用模糊的数据

比如，我们描述一件羊绒大衣的羊绒含量时，可以有这样两种描述：第一种，该羊绒大衣的羊绒含量纯度极高；第二种，寻常羊绒大衣的羊绒含量是 60%，而我们这款羊绒大衣的羊绒含量高达 80%。很显然，第二种说法更有说服力。

（2）软文中所提及的时间最好具体一些

比如，这样两种表述方式：第一种，本次由 ×× 举办的活动，将在月底结束；第二种，本次由 ×× 举办的活动将在本月 28 日结束。明确的时间更容易让消费者产生紧迫感。

（3）假如引入了第三方佐证，则第三方最好能够在网络上检索到

这样更能增加软文的真实性。

二、增强软文的感染力

真正的软文高手，往往能够在字里行间埋下伏笔，成功地调动起读者的阅读兴趣，在引起读者共鸣的同时，达到自己想要的软文宣传效果。

如下文所示。

品格即命运！20 本书塑造孩子一生好品格

两千多年前，
古希腊的著名哲学家赫拉克利特
就曾说过这样一句掷地有声的话：
品格即命运！
帮助孩子塑造良好的品格，
不仅能让孩子健康全面地成长，
也能让他更好地和人相处，
更好地适应这个社会。
好的故事能引发孩子的自主思考，
给孩子读这 20 本书，
你会发现，在你不经意间，
小宝贝原来已经出落得这么乖巧懂事了呢！

通过引用世界著名哲学家的话，让家长意识到塑造孩子良好品格的重要性，再引出对孩成长非常有益的 20 本绘本，就能取得非常好的营销效果。

三、增强软文的传播性

一篇优秀的软文往往融入了软文撰写者的大量心血，一篇优秀软文的问世并不是一件简单的事情。因而，在一篇软文写出来以后，若是不能很好地流传，显然就是对软文撰写者精力的极大浪费。

与此同时，我们评价一篇软文优劣的时候，常常也会将软文的传播性作为一个衡量标准。一篇传播性高的文章，一方面点击率很高，一方面转载量也很高，这些都能极大地提升软文的曝光率，增强软文的营销推广效果。

既然如此，如何才能提升一篇软文的传播性呢？

1. 能够引起大众争议性的东西

争论性强的东西，被关注的热度也高，与此同时，这些在网上一直受争议的东西，往往没有固定的评价标准。这时候，如果我们能抛出一篇争论性很强的东西，很快就能在赞成方与反对方的持续讨论中，升级为热门文章。

比如，滴滴与快的最初争抢用户的时候，很多互联网自媒体人就利用了滴滴与快的之争，制造了噱头，或支持滴滴，或力顶快的，最终在滴滴用户与快的用户的支持者相互争论的过程中，引来了大量的人气。

2. 抓住实时热点

人都有猎奇的特点，热点的东西大家都喜欢看。所以，软文撰写者在撰写软文的时候，如果能够抓住实时热点，就能在短时间内吸引大量人气，为软文的传播营造出持续的热度。如图 3-14 所示，利用热点“海淘”不再免税开篇，引起读者的关注，进而展开讨论，在吸引读者眼球的同时，增强了文章的热度。

“海淘”不再免税，奶粉要贵多少？

2016-04-08 实习编辑 祝熠 图表新闻

剁手党们，海淘不再免税

“海淘党”的网友们，是不是前几天刚淘的产品货还没到，可海关调税的消息就来了呢？别急，小编帮你梳理跨境电商新政。

在新规出来之前，跨境电商都采用行邮税（行李和邮政物品进口税的简称）。行邮税的税率分为四档，10%、20%、30%和50%，而且行邮税还有一定的免税额，对货值在5000元人民币以下的随身行李、税额在50元人民币以下的邮递物品予以免征，而且行邮税采取的是**抽检**的形式。

图 3-14 抓实时热点

3. 插入一些让人感动的故事情节

人都是情感的动物，若是我们在撰写软文的过程中，插入一些让人们感动的故事情节，往往能取得非常不错的营销推广效果。如一则戒烟类的公益软文，开篇说和自己同甘共苦十年的女朋友离开了自己。然后笔者将两人相处的点滴时光娓娓道来，女朋友对他照顾得无微不至，后来因为吸烟的问题两个人吵了很多次，每次都是以女朋友默不作声而告终。最后一次，女朋友终于忍无可忍，在一个清晨留下了一张字条不辞而别。他苦苦寻找，而自己的女朋友却再也不回来了。

软文行文过程中，还引出了女朋友对吸烟深恶痛绝的原因，她的祖父、父亲统统因为吸烟而患癌症，不治身亡。她不想让相同的痛苦再次降临到自己的头上，所以一次次跟他吵架，却每次都以落败收场。不想再次经历人间别离的女朋友最终选择了离开。

该软文行文不见斧凿痕迹，却在字里行间都牵动着人们的心弦，到最后才恍然大悟，原来，这是一篇呼吁人们戒烟的广告。可想而知，掺杂了情感的软文，其效果也必定是非常不错的。

综上，掌握了这样一些软文正文写作的关键点，就能让自己的软文写作手法更加炉火纯青，进而在软文写作与推广中达到更高的造诣。

第四步 没有关键词的软文不算合格的软文

无论是企业还是软文撰写者，撰写软文的目的都是为了提高软文的曝光率。如何提高软文的曝光率呢？这其中关键词就发挥着非常重要的作用。想要提升软文的曝光率，就要学会使用关键词，利用关键词吸引用户的关注，提升软文的点击，从而转化为流量。一些优秀的软文撰写者甚至这样说，没有关键词的软文不算合格的软文。因而，掌握关键词的一些使用技巧及方法是非常有必要的。

软文营销中的关键词指的是什么

提软文必定要提关键词。为什么这么说呢？这是因为软文的曝光率与关键词的选取有很大的关系。

我们这里所说的关键词是相对于搜索引擎而言的。生活中，我们经常会有这样的经验，当我们在搜索框中输入某些提示性的文字，搜索页面就会呈现出大量的搜索信息，而排在整个搜索信息页面最前面的，往往是那些广告推广类的信息。

这些信息为什么会出现在搜索信息的首位呢？这与软文撰写者懂得选取关键词有很大关系。

一般来说，软文关键词选用一些网络热词往往能够取得不错的宣传推广效果。这些网络热词包含的范围非常广泛，包括人名、地名、网站、新闻、小说、软件、商品品牌、游戏、星座乃至居家生活服务等。另外，关键词的表现形式也不受约束，可以是中文、英文、数字，也可以是三者相互混合等。

人们在进行搜索的过程中，可能会输入一个字、一个词或一个短语，甚至是一篇文章的标题。如今的互联网包含的信息量非常丰富，绝大多数人也已经习惯了利用网络搜索引擎来搜索自己感兴趣的信息。这样，关键词的选用就显得非常重要。**软文撰写者是否能够选择合适的关键词，直接影响着软文在搜索信息页的排名**。对一篇软文而言，被搜索到的频率越高，软文所宣传的产品被曝光的机会也就越多，成交的概率也就越大。

如果软文中的关键词设置得好，就能让软文在目标用户中获得更为精准的传播，取得更佳的软文推广效果。如图 4-1 所示，国外木乃伊出土本是新闻热点，该新闻中指出木乃伊所穿的靴子神似阿迪达斯的滑雪靴，这就将一些搜索该新闻热点的好奇观众成功地引流到了阿迪达斯品牌上。这则不能称之为真正意义上软文的软文，为阿迪达斯导流的效果是不容忽视的。

木乃伊被指脚踩“潮牌”

2016-04-17 07:57:54　来源：北京晨报　参与评论 13 人

左图为考古学家拍摄的照片，右图为阿迪滑雪靴

据英国《每日邮报》4月13日报道，近日，考古学家发布蒙古阿尔泰山脉一古墓的考古照片，其中一张为远古女性，木乃伊脚穿神似运动品牌阿迪达斯的一款滑雪靴，在网上引起热潮。推特和脸书的网友戏称，这个女人是时光穿越者。

图 4-1　软文中的关键词

如今，用户更习惯在互联网上搜索自己想要的信息。在这种大趋势之下，恰当使用关键词，提高软文在网络中的曝光率就显得非常重要。这不仅能极大地提升产品被搜索到的概率，更是能够吸引用户主动寻找相关产品，有效吸引目标用户。图 4-2 所示的是一则“马油”的关键词搜索。

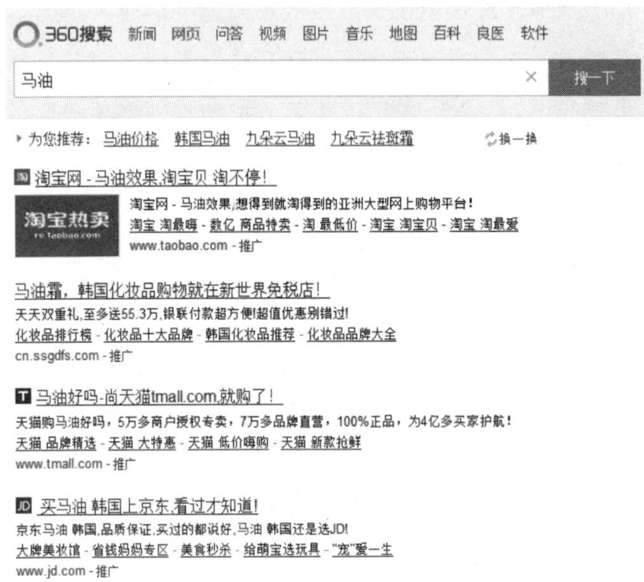

图 4-2　提高曝光率

搜索栏中搜索马油，在搜索结果页面就会出现一些商家关键词竞价之后的排名，那些靠前的商家，往往就能有更多被点击、被曝光，乃至成交订单的机会。

想要写出一篇引流效果显著的软文，一定要选择最适合自身软文的关键词，用好这些关键词，能让软文营销发挥出意想不到的作用。

关键词有哪些种类

通过上一节的讲解，我们已经了解到了关键词对于一篇软文的重要性。既然如此，在写作软文的过程中，我们又该如何恰当地使用关键词，让关键词发挥出它应有的作用呢？

常言道："胸中自有雄兵百万，才能沙场秋点兵"。想要用好关键词，需**要对关键词做到充分了解，知道什么是关键词、关键词有哪些分类、如何放置关键词及如何设置最佳关键词等**。只有做到了心中有数，才能在运用关键词的过程中做到胸有成竹。

关键词主要有哪些分类呢？根据不同的分类标准，我们将关键词分为以下几种。

一、按照关键词的热度进行划分，可以分为热门关键词、一般关键词及冷门关键词

1. 热门关键词

经常上网的人都有这样的经验：当你打开网页、用鼠标点击搜索框的时候，会出现一个下拉菜单，在这个下拉菜单中会显示最新的 10 条热门新闻。这 10 条热门新闻，往往是网友们在最近的时段搜索最多的词汇。这些被搜索最多的词汇在搜索排行榜上升的速度非常快，被称为热门词汇。图 4-3 中被搜索的词汇就是热门词汇。

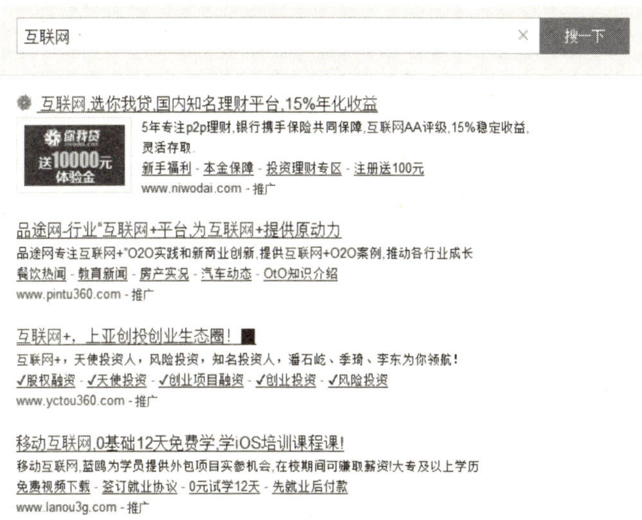

图 4-3　热门关键词

2. 一般关键词

何谓一般关键词呢？简单来说，就是那些用户搜索量及搜索频率都不是很高的词汇。如“互联网”是热门关键词，而“北京互联网”则是一般关键词。

3. 冷门关键词

冷门关键词是相对于热门关键词与一般关键词而言的，冷门关键词被搜索到的频率不太高，搜索量也不太大，除非是那些目标性非常强的用户有意搜索，否则很难搜索到。如“北京互联网营销”就是冷门关键词。

二、按照关键词的长度划分，分为短尾关键词和长尾关键词

1. 短尾关键词

这样的关键词字数一般较短，3 ~ 5 个字，多数由 2 个或 4 个字组成，如图 4-4 所示，“微信营销”就是短尾关键词。

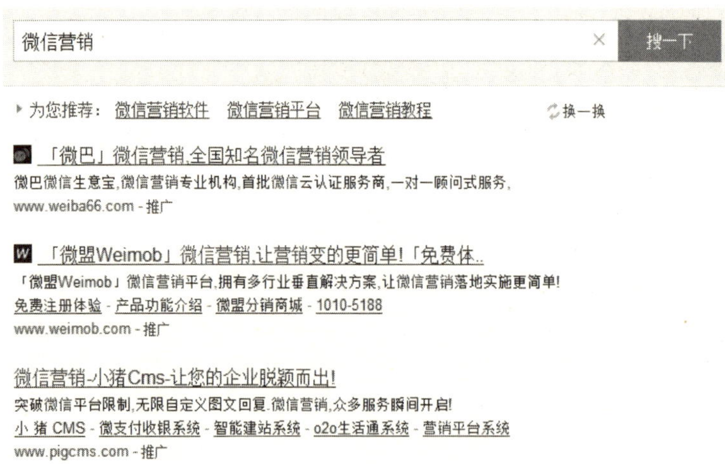

图 4-4　短尾关键词

2. 长尾关键词

长尾关键词的长度一般较长，多在 4 个字以上，如“微信营销平台”“微信营销特训”等。与短尾关键词相比，长尾关键词字更容易被拓展和使用。

三、按照其他划分方法，分为泛关键词、时间关键词、错别关键词、问答关键词及别名关键词等

1. 泛关键词

泛关键词被用户搜索到的概率很大，一般是那些目标指向很不明确的词汇，往往代表着某个行业或某个事物，如摄影、烟酒、房地产、金融、化妆品及服装等。

2. 时间关键词

时间关键词，顾名思义就是在关键词前面加上时间，一般加入最新、最近的时间，关键词被搜索到的几率会更大。如 2016 年车展、7 月车展及最新女装款式等。

3. 错别关键词

当我们在搜索某些关键词的时候，一些关键词可能会因为与我们所搜索的关键词同音或字形相似而被我们搜索到。这些因为同音或字形相似而被搜索到的关键词就是错别关键词，如迅雷（讯雷）、资讯（咨询）及机票订购（机票定购）等。

4. 问答关键词

这类关键词很好理解，就是在搜索框输入问题，而搜索结果页呈现带有关键词答案的关键词。这种关键词被运用得非常广泛。如图 4-5 所示，在搜索框中输入北京婚纱摄影，在结果页中就出现了相关的摄影机构。很明显，那些排名比较靠前的摄影机构在关键词竞价上花费了很多心思。

5. 别名关键词

别名，就是同一个事物的不同称谓。如计算机又被称为电脑；手机又被称为移动电话，西红柿又被称为番茄，婚纱摄影又被称为婚纱照等。而且，因为地域与生活习惯不同，很多事物在不同地方都有不同的叫法，这就极大地增强了关键词被曝光的几率。如图 4-6 所示，当我们输入西红柿之后，在搜索结果栏中，番茄同样会被重点显示。

图 4-5　问答关键词

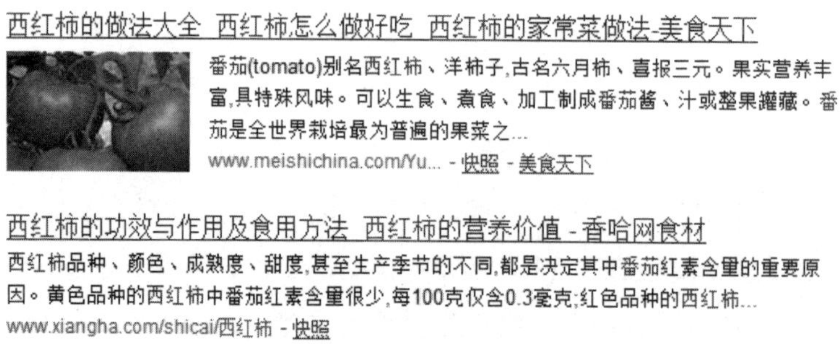

图 4-6　别名关键词

综合上述，根据不同的划分标准，关键词被进行了如上划分。不管是企业还是软文撰写者，在撰写软文的过程中，如果能巧妙地运用关键词，就能极大地提高软文的点击量，为网站或企业成功引流，达到不错的软文推广效果。

如何在软文中放置关键词

知道了什么是关键词，关键词有哪些种类，这才仅仅只是掌握了撰写一篇优秀软文的基础，接下来，还要掌握如何在软文中放置关键词，才能让软文达到最佳的宣传推广效果。

一般来说，在软文中放置关键词需要遵循 3 个原则。

一、关键词植入原则

1. 尽可能选那些高热度，但是竞争度较低的词

如果通过百度进行关键词搜索，会有一个百度搜索指数，百度的搜索指数越高，则代表该词的热度越高。如果我们能够选到那些热度较高，而竞争度较低的词汇，将这些词汇应用到软文中去。那么软文的推广效果就会成倍地增长。但是，这样的词汇并不是那么容易被发现的，这就需要通过一些站长工具对关键词进行详细的对比与分析。如果用心，还是可能会有意外收获的。

2. 关键词在软文中出现的频率不要太高

在撰写软文的过程中，如果关键词在软文中出现的频率太高，就会给读者留下广告之嫌，破坏读者的阅读兴趣。所以，聪明的软文撰写者在撰写软文的时候，会尽量保证关键词的植入不超过 6 个，不影响读者的阅读效果。

如果因为写作需要，必须植入更多的关键词，有经验的软文撰写者也会采用长尾关键词去拓展，而不是生硬地植入。如以“互联网 +”为关键词进行软文创作，就可以拓展出“互联网 + 新玩法”及“互联网 + 大势所趋”等长尾关键词。

3. 软文内容描写要能够体现出软文内容的中心思想

软文内容必须要与软文标题所提及的关键词紧密相关，因为读者在进行搜索时，搜索引擎也会随机抓取那些与标题关键词最相关的内容进行描述。这就要求软文撰写者在撰写软文时，千万不能为了嵌入某个关键词而生硬地组织语言，导致软文词不达意。如果弄虚作假，不仅不能取得自己想要的效果，还会失去读者，失去流量。

二、关键词植入位置

关键词植入哪里才能取得最佳的软文推广效果呢？千万不能少这样几个位置。

1. 软文标题

软文标题就像是一个人的脸面，是读者在阅读软文之前最先注意到的部分，也是读者在利用搜索引擎搜索时最先关注的部分。在软文标题中嵌入关键词非常利于提高软文被搜索到的概率。

2. 软文开篇第一段

软文标题和第一段是搜索引擎在抓取信息时被最先抓取到的部分，因而在软文开篇第一段中就嵌入关键词，对于快速被抓取有着很大的作用。

3. 正文之中

在正文之中嵌入关键词还有一定的学问。我们在前面曾经提到过，如果在正文中嵌入关键词，则关键词的数量不宜过多。如果必须要嵌入，则需要嵌入一些拓展的关键词。嵌入的位置以头尾 2 个部分最佳。嵌入要自然，行文要简洁，不能为了嵌入某个关键词而有意拖沓。这样，反而会取得相反的软文推广效果。

除此之外，如果能够将关键词进行文字加粗或更换字体、字号的处理，往往也有利于搜索引擎的抓取。

关于关键词的嵌入原则与嵌入位置，我们可以参考下面这则软文。

电视台揭秘红糖内幕，痛经与坐月子需谨慎选择

近日，一段有关辨识红糖真伪的视频在网络上广泛传播，视频内容指出：

平时常见的“红糖”并非真正的红糖，再一次引起网民及消费者对红糖的热议。在古代，红糖就被中医入药，用于驱寒暖身、益气活血；如今，红糖已成为现代女人不可缺少的调理品，尤其对经期女性来说，红糖具有暖宫、排除恶露的功效。

那么，市面上出售的“红糖”，真的能起到活血化瘀、调理经期的作用吗？正宗的红糖，究竟是什么样的？我们到底吃过真正的红糖吗？

曝内幕：常见红糖实为赤砂糖

视频援引一位消费者购买“红糖”的经历：杨女士将购买的深色红糖入水沏化，不仅闻到一股浓浓的酒精味，杯底还惊现白色渣子。这是怎么回事？

在随后展开的调查中，记者发现市面上出售的“红糖”虽然外包装上食品名称标注的是红糖，但在配料表一栏中却赫然标着“赤砂糖”！红糖成了赤砂糖，难道赤砂糖就是红糖吗？

记者联系到德州古方红糖有限公司研究员杨萃先，据她介绍：我们平时所见到的红色或褐色粒状的“红糖”，并非正宗的红糖，而是赤砂糖（一般在红糖外包装袋的配料一栏中有注明）。赤砂糖的原料为甘蔗或者甜菜，虽然和红糖的制作原料一样，同为甘蔗，但赤砂糖只是一种调味剂，并不具备红糖的暖宫解痛、益气活血的功效，这是因为赤砂糖完全是由现代制糖工艺制成，其主要成分是高纯度蔗糖，只能为人体提供热量，与正宗的红糖相比，其调理经期的作用相差太多。

对于那些经期深受痛经困扰的女性朋友来说，靠这些“红糖”活血化瘀、缓解疼痛，是不能实现的。所以，痛经和坐月子的女人选择红糖，需要谨慎！

……

寻真源：古方红糖在哪里？

古方红糖属于纯手工熬制，不适合规模生产，而普通红糖工业化程度较高，因此，古方红糖的知名度和市场占有率都不及普通红糖。

为了替消费者寻找古方红糖的来源，记者来到位于贵州兴义市巴结镇的黔西南古方红糖有限责任公司，这里曾是CCTV-7《农广天地》报道红糖生产工艺制作全过程的拍摄基地。在这里，发源于明代的“连环锅＋直风灶”古法制糖工艺得以传承和发扬。

真功效：红糖到底能补血，还是能活血？

女人不可百日无糖——说的就是红糖和女性健康的密切关系。记者在调查中发现，大多数女性朋友认为“红糖可以补血”，但事实是这样吗？

据杨萃先研究员介绍：红糖的作用不是补血，而是活血！虽然红糖含有微量元素——铁，但还没有达到为人体补血的程度；红糖最大的作用是活血化瘀，帮助经期女性排除子宫新陈代谢脱落下来的废弃物。

记者在采访中发现，消费者对红糖的认识存在很多误区，吃错了红糖的女性比比皆是，对红糖功效理解不正确的人则更多。看来，食品科普教育，还需要媒体的大力支持。

该篇软文以新闻采访的视角展开，标题即嵌入关键词，随后在正文中又多次提及，因为是科普类软文，笔者的行文过程显得非常自然。在这种自然而然的行文过程中，导入了企业产品，这种软文推广手段非常隐蔽，在普及知识的同时，也推广了公司的产品，还不会引起读者的反感。

正确设计和选择最佳关键词

很多刚刚接触软文的人，在最初写软文时，写出来的软文质量往往不够好，不能取得预期的软文推广效果。这很大程度上是因为软文撰写者对关键词的设计与使用不够到位。

想要写出高质量的软文，正确设计和选择最佳关键词就显得尤为重要。

那设计和选择关键词究竟都有哪些技巧呢？优秀的软文撰写者通常会用

到以下技巧，如图 4-7 所示。

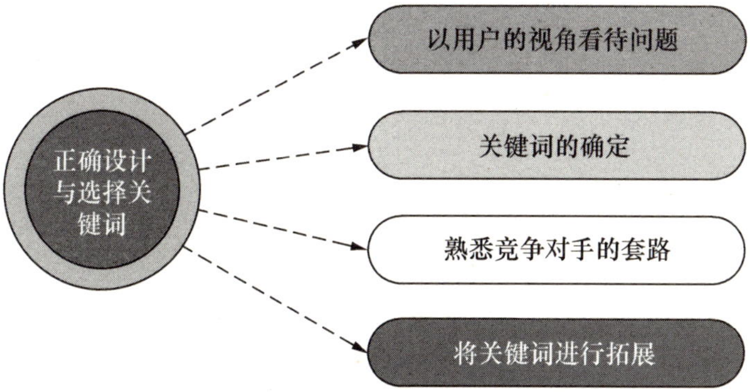

图 4-7　正确设计与选择关键词技巧

一、以用户的视角看待问题

不管是商家还是软文撰写者，在撰写软文的过程中，要始终遵循的一个规则是必须要从用户的角度去思考，根据用户的搜索习惯和兴趣选用关键词。

很多商家做软文推广，之所以效果不好，很大一部分原因就是商家在撰写软文的过程中，是从自己的角度出发，而非从客户的角度出发。比如，同样是两个房地产类的推广软文，一个从商家的角度出发，突出小区的高端、大气、上档次；一个从用户的角度出发，突出小区的宜居及周边的配套设施。哪个更容易让用户买账？结果是显而易见的。

出发角度不同，软文撰写者所选择的关键词也就会不同。关键词选择不同，也将会直接影响软文的点击率、流量及宣传推广效果。

既然如此，商家如何确定用户偏好哪些关键词，喜欢搜索哪些关键词呢？

最简单的方式是依据用户的搜索习惯来确定。但不同用户在搜索习惯上又会存在一定的差别，这就要求企业或软文撰写者优先选择那些符合绝大多数用户搜索习惯的关键词。

如何找到这些词汇呢？经常被软文撰写者或网站使用的方法就是统计用

户在搜索某类产品时最常使用的关键字形式，分析出用户的搜索习惯。不过，这种方式只适用于搜索同类产品。简单举个例子，我们搜索“联想”，在搜索框的下拉菜单中会出现“联想手机”“联想笔记本官网”及“联想商城”等。其中，搜索量最大的词汇更贴合用户的搜索习惯，如图 4-8 所示。

图 4-8　搜索关键词

二、关键词的确定

在确定关键词时，企业不仅要考虑用户的需求及竞争对手的长处，还需要按照如下技巧对关键词进行筛选。

1. 选择关键词

软文的关键词主要描述企业产品、品牌、网站或服务。企业或软文的撰写者如果想要增加软文被曝光的概率就要选择那些搜索频率较高、搜索量较大的词语。比如，撰写一些产品推介类软文，需要选择人们在行业搜索时经常被用到的关键词。例如，搜索儿童智能手表，在搜索下拉框中就会出现儿童智能手表排行榜、儿童智能手表哪个牌子好及儿童智能手表打电话等用户最为关心的问题。这些问题都能成为软文撰写者撰写软文的关键词，如图 4-9 所示。

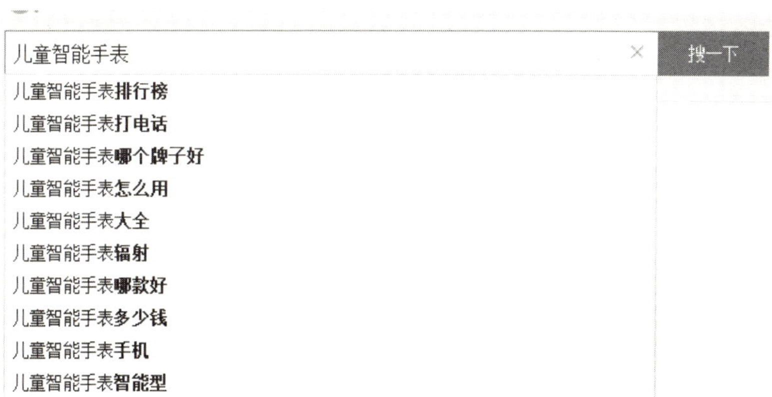

图 4-9 软文关键词

2. 突出关键词

找出关键词以后，软文撰写者在撰写软文时，还要突出关键词。怎样突出关键词？一定要将关键词放在最有价值的地方。当确定了一篇软文中大概需要放置多少个关键词之后，接下来要做的事情就是找到能够凸显关键词重要性的位置。

如下面这则由万宝路品牌广告引申而出的某戒烟品牌产品的软文。

（西部牛仔文章刊登以后，有许多热心读者做出了反馈，现摘录几位独到见解者的观点。）

王女士：我丈夫是个“老烟枪”，自我们认识的时候他就会抽烟，几十年了，一直没有改变。看到西部牛仔的连续报道之后，我深有同感，什么风度、潇洒呀，都是香烟厂拿来骗人钱财的，只有健康才是最重要的。

李先生：吸烟有害健康，是人所共知的，至少现在大部分人都知道。西部牛仔作为万宝路香烟的功臣最后却死于香烟，从结局上来看有点讽刺的味道。不过我个人认为，为了自己，为了家人，没抽烟的人最好不抽烟，抽了烟的人最好戒掉。

刘先生：烟，在现在社会不仅纯粹是一种商品，更是一种人与人打交道的工具，通过朋友认识另一个朋友，第一次见面，递上一根烟，距离就拉近了一些，就烟谈起的话题也不会让彼此第一次会面显得很尴尬。

谢女士：我觉得应该是西部牛仔生不逢时。以我先生为例，他是一个地道的“烟鬼”，但是现在的他却对烟不怎么感兴趣，为什么呢？由于抽烟他的身体一直不太好，幸好细心的我在一次逛街购物时看到一个产品——好男人清烟贴，它独有清烟毒、去烟瘾功能，使用3个疗程后，他的烟瘾去除了，身体也比以前好了。我想如果在那个时候就有清烟贴结果就不一样了。

好男人清烟贴由上海东方星河纳米应用技术研究所陈方明博士和36位国内外专家共同研制，是好男人实业荣誉出品的专利产品。该产品能有效地激活机体对尼古丁的抵抗能力，阻断人体对尼古丁的依赖，并使免疫抗体（维生素）和肝脏新分泌的谷胱肝肽转氨酶、氧化歧化酶，成功地打断吸附在肺部的焦油分子链，让烟毒自然排出体外，彻底解决了烟对人体的危害，使吸烟人士能够清除烟毒、祛掉烟瘾，重现健康！

该篇软文，在开篇的时候并没有提出戒烟产品，而是从西部牛仔死于吸烟的消息说起，引用了一些热心读者的意见反馈，在读者反馈的过程中，自然而然地引出了戒烟产品。这则软文推广没有任何的斧凿痕迹，关键词植入非常自然。

3. 确定关键词

选择关键词后，企业或软文的撰写者就要花费一些心思选取一些重点词汇作为软文的关键词。一般来说，不管是企业还是软文撰写者，在撰写软文之前，都会精心挑选出大量的关键词，然后在比较、筛选之后，剔除一些出现频率较低、被搜索量较小的词汇，选出5～6个关键词植入软文中。

4. 取舍关键词

关键词的选择是一门学问，当企业精挑细选出一堆关键词后，难免难以取舍。这个时候怎么办？可以通过这样 2 个标准来衡量。

（1）一般而言，那些拼写错误的关键词不会带来太大的流量，但是，如果能够找到一个经常被大家拼写错误的关键词，很可能会取得意想不到的惊喜。这样的错误关键词可以适当地植入软文中。

（2）舍弃那些已经落伍的关键词。

一些关键词在某个时段可能非常流行，但是一旦时过境迁，这些词汇就会让人感到过时了，过时的词汇，被搜索到的概率就非常小。所以，在撰写软文时，应尽量避免使用那些已经落伍的词汇。

三、熟悉竞争对手的套路

俗话说“知己知彼百战百胜”，企业在撰写软文之前，先熟悉一下竞争对手的写作套路及竞争对手放置关键词的位置，就可以做到查漏补缺，将自己的软文设计得更加合理。通过哪些途径熟悉自己的竞争对手呢？

1. 到一些黄页网站或目录网站查询与行业相关的公司信息，对这些公司的目录描述进行分析，找出描述中的关键词，创建 30 ～ 50 个竞争者名单。

2. 利用搜索引擎进行搜索，找出与自己产品相关的关键词。查看排名前十的网站优化都使用了哪些关键词，将它们摘录下来进行对比与分析。

3. 到一些 B2B 网站上寻找重要的客户信息，分析客户信息中所体现出来的重点关键词，并将其整理汇总。

四、将关键词进行拓展

选择好了软文的关键词之后，在进行软文写作的过程中，一个必要的工作就是对关键词进行拓展。通过对核心关键词的深入挖掘，拓展出更多适合企业软文的关键词。最常用的拓展关键词的方法有 2 种。

1. 衍生关键词

何谓衍生关键词呢？经常上网的人都会有这样的经验，当你在搜索框中输入搜索信息，搜索结果页的最下方会有“相关搜索”一栏，在相关搜索里，有许多与你所输入的信息相关的词汇。这些词汇就是衍生关键词，比如，我们在搜索框中输入“微信”，在页面的底部就会出现如图 4-10 所示的信息。企业通过查看搜索热度最高的词汇，以此来确定自己软文的关键词。

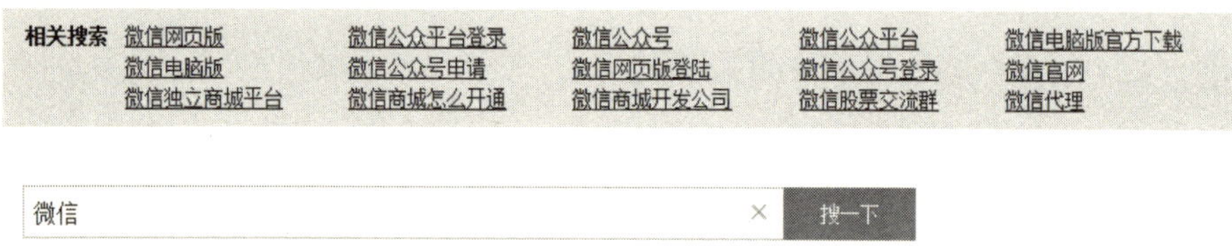

图 4-10　衍生关键词

2. 利用关键词工具选择关键词

能够帮助企业选择关键词的关键词工具都有哪些呢？经常被用到的有 3 种：百度指数、站长工具及战神等关键词工具。比如，企业利用百度指数查询互联网方面的相关信息，在百度指数主页输入关键词，下拉菜单中就会出现由互联网衍生出来的最热词汇，如图 4-11 所示。

图 4-11　关键词工具

通过点击数能看到最近一段时间内，网络上最热门的一些词汇，这些关键词代表着被广大网民搜索的次数及它们被搜索的热度。在某段时期以内，穿插着这些词汇的软文被曝光的概率也相对要高一些，如图 4-12 所示。

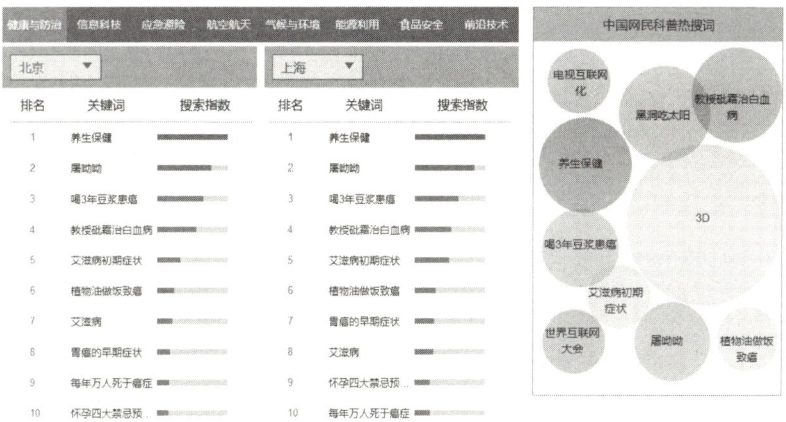

图 4-12　科普关键词

掌握了这些技巧，就能保证我们在写作软文的过程中找到最佳的关键词。如果再能巧妙地设计关键词植入，软文就能更加有效地帮助企业引流，让企业的软文取得意想不到的推广效果。

免费关键词工具可使软文营销事半功倍

在前一小节中，我们对关键词工具其实已经有所涉及，免费关键词工具不仅能够让企业快速找到那些热度较高的词汇，还能帮助企业尽快锁定自己需要的关键词。正是因为免费关键词工具具有这种神奇的作用，所以才受软文写作者的喜爱。

对于任何一个软文写作者而言，如果能够恰当使用免费关键词工具，找到最受用户青睐的关键词，就可以使软文营销取得事半功倍的效果。

这些免费的关键词工具究竟都有哪些呢？

一、百度指数

软文撰写者最常使用的就是百度指数。**百度指数是基于百度网页搜索及百度新闻搜索海量免费数据之上的分析服务网站，主要反应在一段时间内用户关注及媒体关注度最高的一些关键词。**通过百度指数，用户可以快速发现、挖掘和分享互联网上那些最有价值的信息，而企业则可以直观地看到网民的兴趣与需求所在。

从市场需求的角度考虑，百度指数的参考价值不容忽视：**第一，百度指数的搜索量非常大；第二，百度指数具有多个市场维度，而且各个维度都很完善；第三，百度指数以图表和数据说话，直观而形象，**如图 4-13 所示。

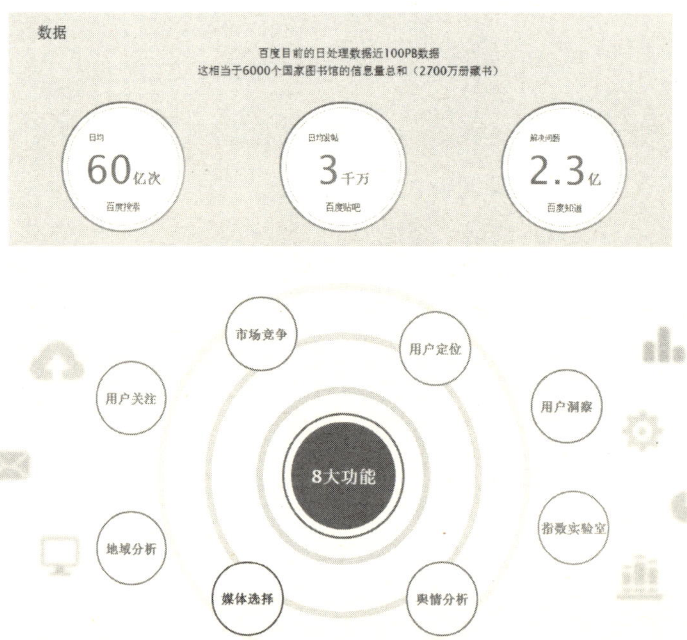

2016年2月 · 季度榜单· 年度榜单·

汽车行业品牌榜(2016年2月)

排名	品牌	搜索指数
1	大众	48977580
2	丰田	28924864
3	奥迪	23146444
4	本田	22791995
5	宝马	21544479
6	福特	21534463
7	奔驰	19861669
8	现代	18771725
9	别克	17699974
10	标致	17003857
11	长安	14744948
12	日产	14629881
13	雪佛兰	12997450
14	起亚	10887519
15	吉利	10589451
16	哈弗	9706817
17	比亚迪	9575002
18	JEEP	9279667
19	马自达	8974364
20	路虎	8782665

图 4-13　百度指数

二、360 指数

随着 360 安全产品圈得的用户越来越多，360 在搜索领域也留住了大量的用户。360 的指数搜索所提供的价值，与百度指数不相上下。

360 指数是立足于 360 搜索基础上的大数据分享平台。通过该数据平台的指数查询，可掌握关键字热度趋势、理解用户真实需求及了解关键字搜索的人群属性等。在图 4-14 所示的走势图中，我们能够清楚地看出互联网这个词从 2013 年到 2016 年的热度变化。在该词最火的时候，如果我们能够巧妙使用该关键词，就能大幅度提升自己的软文曝光率。

三、谷歌趋势

在软文界，经常会有关键词创造奇迹的事情发生。很多软文撰写者对关键词的选用都很慎重。在挑选关键词的时候，除了可以利用百度指数、360 指数，还可以利用谷歌趋势。通过谷歌趋势，我们能够清楚地了解市场的发展情况。

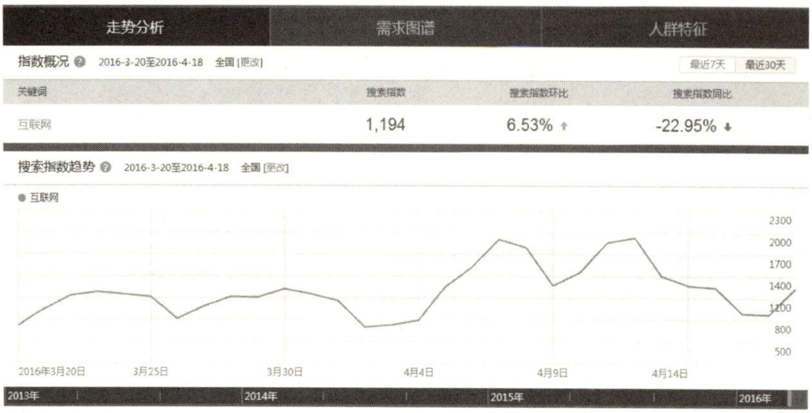

图 4-14 360 指数

和百度指数相比，谷歌趋势的主要功能有：**其一，在 Google 搜索中查看关键词被搜索的次数变化及其变化趋势；其二，查看网站流量**。

谷歌趋势最常被关注的有 3 个部分。

（1）关键词相关的行业新闻及各新闻的发布时间。

（2）关键词变化的趋势，谷歌趋势与百度指数、360 指数的功能差不多，能在一定时间段内体现出某个关键词被搜索的热度。

（3）Google 趋势图可以根据国家、具体的省份及时间来推演趋势的变化。

谷歌趋势作为一款在全球范围内都很受欢迎的免费关键词工具，在贡献关键词的功能上有不容忽视的作用。

如果我们在进行软文创作、植入关键词的过程中，不仅能够立足国内的百度指数与 360 指数，更能放眼全球的谷歌趋势，则所植入的关键词就能涵盖更多的用户群，吸引更多的流量。

第五步
正确发布软文，让软文营销事半功倍

了解了什么是软文、如何拟定软文的标题、如何构局软文的正文及如何选择植入关键词之后，我们只是做好了软文发布前的硬件准备工作。想要发布一篇成功的软文，仅做好硬件方面的准备还不够，还要在软件方面，也就是发布技巧方面多下一些功夫。只有软硬兼攻，才能取得事半功倍的效果。

尽量减少软文中的低级错误

一些企业或是软文撰写者在初次发布软文的时候，由于经验不足，经常会犯一些低级错误，这就直接导致了软文推广的效果不佳。对于任何一家企业或网站来说，软文推广效果不佳，意味着此前的投入全部打了水漂，没有任何意义。对于企业或软文撰写者来说，了解一些软文撰写者在撰写软文时常见的错误，做到对这些错误心中有数，能很大地减少犯错次数。

软文撰写的禁忌主要有以下 5 类，如图 5-1 所示。

一、不重视读者

有些软文，不管是前期调查还是后期策划做得都非常不错，围绕软文的行动目标所展开的写作也非常精彩。故事传神、情节生动，但就是不能让读者买账。这是怎么一回事呢？原因很简单，即因为软文撰写者在写作过程中忽视了读者。以个人视角、个人的感觉去撰写软文，这样一来，软文最终所呈现出的效果，就是软文撰写者想要的效果，而非读者想要的效果。软文所侧重宣传的内容，就是软文撰写者所关注的部分，而非读者所关注的部分。比如，同样是酒店类的软文，一类从酒店的自我感觉出发，侧重强调酒店有多么奢华，另一类从住户关注的问题出发，强调酒店的配套设施及安全性。两则出发点完全不同的软文，哪一类更容易吸引住户入住呢？答案是不言而喻的。

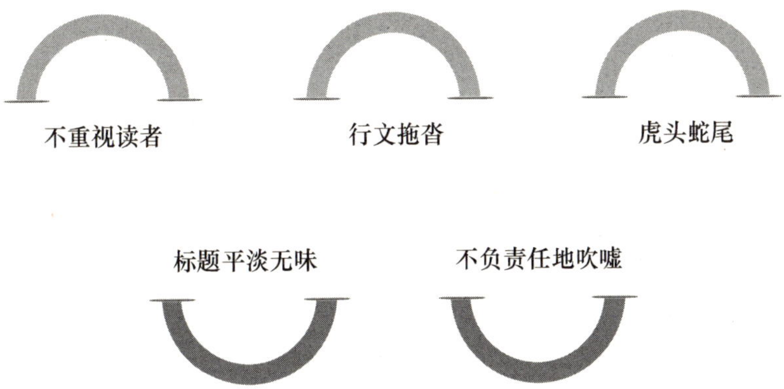

图 5-1　软文撰写禁忌

不管是企业还是软文撰写者在撰写软文的过程中，一定要谨记一点，不能个人主观主义，一定坚持从用户的角度出发，立足用户最关注的问题、最迫切需要的内容及最惯于接受的传播方式。如此才能成功地吸引用户，达到预期的软文推广效果。

二、标题平淡无味

在前面的章节中，我们曾经重点讲解了标题对于一篇软文的重要性。对于大多数软文来说，很大程度上还是依赖于标题来抓用户的眼球。如果一篇软文的标题取得好，那么这则软文其实已经迈出了成功的一步。这就好像我们看人先看脸一样，我们读软文之前，先要看的就是这则软文的标题。只有一看标题就引起了阅读兴趣，用户才会选择点进去看一看。如果点进去以后，发现文章写得很不错，有用户真正需要的东西，才会认可这则软文，并认可软文中宣传推广的产品。

有权威数据显示，读者决定是否看一则文章，70% 由文章的大标题及副标题决定的。软文是否能够快速吸引流量，标题选得好不好，就是最关键的一点。

因为标题如此重要，所以软文撰写者在撰写软文的过程中，就要在软文标题的提炼上多花一些时间。

当然，提炼标题时，还要注意一点，所提取的题目一定要和所写的内容对应。不然，写出来的东西“驴唇不对马嘴”，反而会招来读者的反感。

三、行文拖沓

很多读者在读软文的时候，只要简单地读几句就能明白软文撰写者想要表达什么了。因而，软文撰写者在撰写软文时，一定要掌握这样一个要点，就是行文一定要简单明了，切忌拖泥带水。争取在最短时间内抓住读者的眼球。比如，一则家电类的软文，拖拖拉拉说了很多，就是不说读者最关注的节能、安全、环保及技术方面的问题，读者读着读着就会感觉不耐烦。这样的软文就是非常失败的软文。

四、不负责任地吹嘘

软文的最高境界是让读者在阅读的过程中，感觉不到它是软文，而且能够引起读者的共鸣。这就需要软文撰写者在撰写软文的过程中，尽量本着尊重事实，实事求是的原则，而不是不负责任地吹嘘。企业或网站之所以进行软文推广，就是为了引导、说服以至引起读者的共鸣，进而成功将自己想要传达的信息植入读者大脑，促使软文行动目标的最终实现。因此，软文撰写者必须要充分考虑到读者的可接受性。换句话说，软文一定要有可信度，而不是让读者一看，就感觉是在漫天吹牛，不负责任地夸张。如果费尽心力撰写出来的软文遭到了读者的质疑甚至反感，那么，花费巨大的心思所撰写出来的软文也就没有意义了。

五、虎头蛇尾

软文的开头、标题、内文、布局及行动目标都设计好了，是不是就万事大吉了呢？不是的，还需要注意最后的一环，即软文的结尾。我们曾见过很多软文，有着精彩的开篇，却有着仓促的结尾。虎头蛇尾的软文给人的感觉就像是一拳打在棉花上，虽然给读者的感觉还不错，最终难以达到预期的效果。

那些优秀的软文写手，在撰写软文时，总是会考虑自己的布局谋篇。讲究的就是一个首尾呼应，完美结束。精彩的软文往往能够让读者在阅读软文之后，产生一种“余音绕梁，三日不绝”地阅读效果。

发布软文时需要注意的三大事项

做事有方法，效率才能翻倍，打仗讲战术，才能百战百胜。对于软文写作来说，也是如此。在发布软文的时候掌握一些技巧，多加注意，就能很好地避免陷入发布的一些误区，造成软文导流效果不佳的结局。

那么，软文发布有哪些需要注意的事项呢？大体有以下 3 个，如图 5-2 所示。

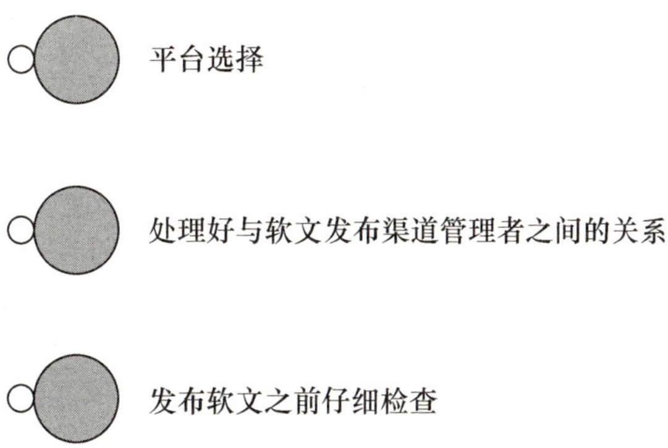

图 5-2　软文发布注意事项

一、平台选择

平台是软文发布的载体，平台的好坏直接影响着阅读软文的读者数量。

选择一个好的软文发布平台就好比是站在了巨人的肩膀上，能够很好地借势。反之，如果平台选得不好，再好的软文也可能会因此遭到埋没，发挥不出应有的效果。

做软文推广，不仅把软文写好，还要留心很多问题。平台选择就是其中最关键的一个。究竟该如何选择平台呢？参照以下 3 个标准。

1. 根据产品的特征选择发布平台

比如你所从事的是汽车行业，就选择那些汽车爱好者较多的平台去发布软文；你所从事的是母婴行业，就选择那些妈妈们较多的平台去发布软文。找准了目标群体，就知道重点客户会出现在哪里，再结合自己的软文风格、内容，在预算范围之内选择合适的广告媒体或免费的推广平台。

2. 清楚网络平台在搜索引擎中的重量

在那些权重比较高、新闻源比较充足的平台上发布软文，效果往往比较好。当然，软文发布之后，不代表就一劳永逸了。相反，如果软文在某个平台发布以后，效果比较好，还要多选择一些合适的平台，多频率、多范围地发布软文。如此，才能造成一定的规模效应。

3. 注意平面媒体与网络媒体的同步

随着时代发展，当我们在平面媒体上发布了软文以后，这些软文很可能会快速地被同步到网上。这时候，我们就需要跟踪网络版的软文反馈情况，及时做出软文后续跟进，了解软文的宣传推广效果，以便做出快速调整。

二、处理好与软文发布渠道管理者之间的关系

在一些正规的平台上发布软文，必定要接受平台渠道管理者的审核。所以，与软文发布渠道管理者处理好关系就显得非常有必要。具体做法如图 5-3 所示。

1. 尊重对方

人与人之间相处，最起码的礼节就是能够相互尊重。你在别人的平台上发布软文，是有求于人，对别人客气一些也在情理之中。尊重对方，就能很好地在对方那里刷一刷印象分。即便是自己发布的软文没能通过审核，或者是已经发布的软文被管理者删了，也不要轻易与管理者发生正面的直接冲突。

图 5-3　处理与软文发布渠道管理者之间的关系

2. 心怀感恩

不管我们是在平面媒体上发表软文，还是在网络平台上发表软文，一旦文字通过，或者被加了精华，一定要怀着一颗感恩的心，真诚地感谢软文发布渠道的管理者，感谢他们给软文有了一个被更多人看到的机会。

3. 和管理者做朋友

空闲之时，多与一些平台的管理者交流，与这些平台的管理者做朋友。

三、发布软文之前仔细检查

发布软文是软文推广的最后一环，也是重头戏。关于在微信、微博及博客上发布软文的一些注意事项，我们在前面章节已经强调过，便不再重复。这里我们所侧重的是在传统媒体上及一些主流网站发布软文时需要注意的一些事项。这些注意事项大致有以下 9 点。

1. 仔细检查目标是否已经植入。

2. 看一看软文的标题是否具有足够的吸引力。

3. 通读软文，看看其内容是否流畅贯通。

4. 检查关键词，看其植入密度是否过高。

5. 检查软文插入的图片，看图片是否合适，是否存在侵权问题。

6. 检查结尾，看软文的结尾是否自然。

7. 检查超链接，看链接是否有效。

8. 检查软文中的别字，看是否存在人名、地名及产品名称的别字情况。

9. 检查软文中的标点符号用法，看是否存在错用、误用等情形。

选择合适的软文发布途径

软文发布有电视广告、平面媒体及网络平台等多种途径。最常见的渠道有以下 9 种。

1. 平面媒体，如一些报纸、期刊等。

2. 网络媒体，主要是指那些全国以下、地方以上的门户类网站，如搜狐网、新浪网、网易新闻中心、千龙网、东北新闻网、红网及荆楚网等。

3. 相关搜索引擎，如百度知道、百度百家、网易有道及百度百科等。

4. 论坛，如天涯论坛、网易论坛及新浪论坛等。

5. 博客，主要是指企业在各大门户网站开设的博客。当然除了自己的企业博客，还可以找那些粉丝量大的名人博客代为发布。

6. 微信，微信的小圈子所能带来的影响力也不容忽视。微信强大的朋友圈关系网，能够将一篇软文瞬间分享到更多人的面前。

7. 微博，微博与微信一样，是当代人休闲生活中不可或缺的一部分。很多人都有空闲时刷微博的习惯，因而，微博这个软文发布阵地也不容忽视。

8. 信息分享网站，这类平台包括 58 同城、赶集网等。

9. 资源分享类平台，相对而言，这个平台上的用户资源要少一些，但是也不容小觑。这类平台的典型代表，就是豆瓣、道客巴巴及百度文库等。

怎样找到最适合自己的平台呢？可以参考以下 3 个标准。

一、商家、企业软文推广的最佳途径（图 5-4）

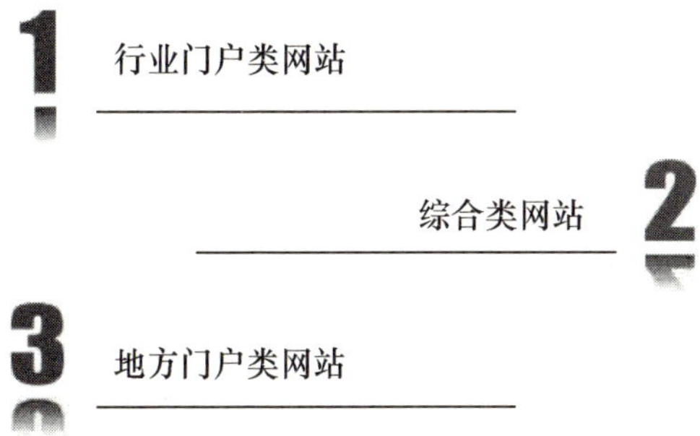

图 5-4 软文推广的途径

1. 行业门户类网站

有很多门户类网站，商家或者企业可根据各自行业性质的不同，选择不同的门户网站。比如，科技类商家撰写出优秀的软文之后，便可以选择那些科技类发稿性价比高，同时转发率也高的网站进行软文发布，如小熊在线、飞象网及慧聪 IT 等。

曾经国产智能手机中的大神手机就曾在小熊在线发布过软文。

销量破千万台大神手机推新品再战“双 11”

2014 年 1 月 8 日大神手机品牌正式对外宣布成立，凭借大神 F1 及 7 英寸大神两款新品备受行业人士关注。从大神 F1 的小试牛刀，到首款千元八核 4G 手机大神 F2、中高端产品大神 X7 的崭露头角，再到千元指纹识别标杆手机大神 Note3，大神手机稳扎稳打收获了一大批年轻的忠实用户。时尚的外观设计和良好的产品体验让大神手机从一开始便在用户群体当中塑造出良好的口碑。

除积极打造多款精品手机外，大神手机在渠道建设方面也取得了突出成就，截至 2014 年 10 月，大神手机整体销量超过千万台。线上渠道方面，大神手机与京东、天猫、苏宁等主流线上电商渠道签订战略合作协议，布局官方旗舰店，成果显著。线下渠道方面，大神手机与爱施德公司签署2015年战略合作协议，合作金额高达50亿元。除此之外，大神手机将在全国选择32家优质合作伙伴作为SRP（超级零售伙伴商），建立深度合作。

……

本次发布会上，奇酷科技总裁李旺宣布大神Note 3在“双11”期间将争夺千元手机销量第一、销售额第一的双量第一目标，无疑显示出大神手机给予大神Note 3厚望，更可以看出大神手机在“双11”期间的自信。选择在“双11”前期发布大神Note 3金色版，是大神手机在“双11”期间的产品战略布局的重要举措。据透露，在“双11”期间大神Note 3将促销直降百元，为用户提供更高性价比的智能体验。

据悉，2014年大神手机首次亮相“双11”全网销售额即达到5.6亿元，大神F2京东单品销量第一的佳绩。“双12”期间，大神在淘宝手机类销量排名第一，同时大神F2继“双11”之后，蝉联京东单品销量第一。对于大神手机本年度“双11”期间千元档销售额和销量双冠王的目标，业内人士认为，有优秀的产品做支撑，再加上众多优惠政策，完成计划指日可待。

（摘自小熊在线）

上面这则软文虽然属于科技类新闻软文，但实际上，它却不怎么“软”。通篇都是对大神手机的介绍，从研发技术到合作伙伴，再到未来的规划，都详细地做了解说。但是，这篇软文选择小熊在线这个科技类的门户网站作为发布平台，则有效地去除了它的硬气，更容易让读者接受。

作为科技类的先进代表，腾讯数码、网易数码及新浪科技等门户网站的导流功能都不可小觑，如果是经济实力较为雄厚的商家，则可以考虑此类平台。

2. 综合类的网站

综合类的网站有很多，性价比相对较高的有中国经济网、中国日报网、百灵网及千龙网等。当然综合类的网站有很多，还有很多新闻性更浓、综合性更强的网站可供企业选择，各个企业可以根据自己的经济承受能力选择软文的发布渠道。

比如，知名餐馆仿膳饭庄，就在千龙网发布了这样一则消息。

57 年“仿膳饭庄”搬出北海琼岛，预计 5 月重张营业

（2016 年）4 月 20 日消息，经营 57 年的北海仿膳饭庄，将从琼岛搬至北岸，就是 1925 年仿膳茶社的原址。自 4 月 18 日，以制作官廷风味闻名的老字号饭庄已暂停营业。

北海公园仿膳、颐和园听鹂馆、中山公园来今雨轩等栖身于北京各大公园的老字号餐饮，已成为老北京的文化符号，藏着几代北京人深深的舌尖记忆，并接待过周恩来、邓小平、叶剑英等党和国家领导人，以及美国前总统尼克松、英国前首相希思等重要外宾。（摘自千龙网）

千龙网，又称首都新闻网，涵盖了北京新近发生的各种新闻。仿膳饭庄作为北京一家老字号的餐馆，立足北京餐饮文化，吸引的也是对北京具有特殊情怀的人。选择在千龙网上发布迁址的消息，可谓是选得恰到好处。

3. 地方门户类网站

地方门户类门站同样也有很多。各家企业可以根据自身所处地域的不同，选择不同的地方类门户网站。比如，山东企业可以选择聊城新闻网、甘肃企业可以选择甘肃经济网、河南企业可以选择河南网等。

以上都是企业发布软文最见效的途径。

二、个人类软文推广的最佳途径

纵观整个网络，能够进行个人软文营销宣传的网站有很多，其中最知名的有站长之家、百灵网、中国商报网、青年导报网、扬子晚报网及重庆晚报网等。这些网站不仅拥有大量的读者群体，而且还拥有海量的客户资源。

比如，站长之家这样一则新闻标题《不花钱！十天 1 亿 PV 一千万粉丝，估值 13 亿，这是疯子还是下一个马云？》，该标题从数据上看就很吸引人的眼球，文章讲述了该创业者富有传奇色彩的创业经历，读者读完之后，对该创业者就能留下极为深刻的印象。这就很有利于该创业者今后在互联网行业中的发展。

三、事业单位适合的软文发布渠道

作为事业单位，最适合的软文发布渠道就是那些官方网站，如人民网、新浪资讯、新浪家居及新浪长春等。这些网站在网络上都有一定的权重与诚信度，在这里发文往往能够取得不错的宣传推广效果。但需要事业单位注意的是，这些网站因为是官方网站，所发布的信息一般都比较权威，所以需要事业单位能够提供出真材实料，真正有干货的东西，否则，很可能会无法通过审核。

掌握软文发布的一些技巧

从撰写软文的前期准备，到后期的软文发布，都有着许多技巧可言。不讲究一定的方法和技巧，就算你写出的软文再精彩也不可能会取得预期的效果。

那么发布软文究竟有哪些技巧呢？经常被那些优秀的软文撰写者用到的有以下 5 个，如图 5-5 所示。

一、根据软文性质选择合适的平台

每家企业所经营的产品各有不同，有的经营汽车、有的经营保健品，还有的经营体育用品……经营的产品不同，在进行软文撰写时所选择的软文类型也会有所差异。有的可能适合新闻型的，有的则可能适合故事型的，还有的可能适合悬疑型的。软文的类型不同，在选择软文投放平台的时候，也应该有所区别。

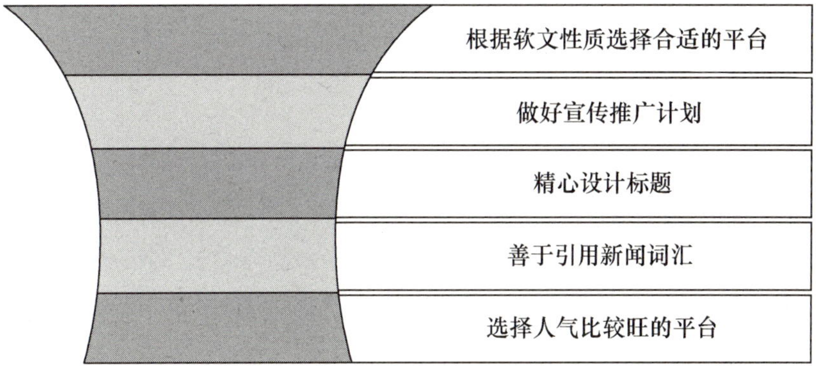

图 5-5　软文发布的技巧

如果企业所从事的是汽车销售行业，那么将软文发布到一些门户网站，就会给人一种高端大气的感觉，效果会更好。

二、做好宣传推广计划

所谓推广计划，是指一篇软文从确定主题、开始撰写到最终的平台投放、效果统计的整体组织、实施及修正。软文的推广计划是软文从拟定到实施的基础。

一般来说，那些善于拟定软文推广计划的企业，多是那些讲究策略的企业，也是那些精于成本预算的企业。

我们在前文中曾经提到过一款卫生清洁用品——洗之朗。该款产品正式进行软文推广之前就精心地做出了宣传推广计划。因为洗之朗是一款全新的电器产品，在国内并没有得到大数人的认同。想要消费者接受这款产品，就需要提前做出大规模的宣传造势及趋势引导。

为了达到预期的宣传效果，洗之朗当年的广告投放预算，70% 投入到了软文广告之中。大量文字被按照不同的侧重点流入了公众视线当中。在产品上市前的一个月，公关软文便完成了对该产品的宣传推广。

该产品的软文广告发布的时候，正值“非典”时期，当时个人卫生习惯成为人们热议的话题，而洗之朗凭借一篇软文《一个被 99% 的人忽略的卫生习惯》而获得了大量的用户关注。

三、精心设计标题

标题的重要性是不言而喻的，我们在前文中也曾不止一次地强调，想要软文取得不错的宣传推广效果，为软文拟定一个好标题就是非常必要的。

例如，下面这些标题就曾风靡一时，《人类可以长生不老》《男人流行画眉毛》《保肝价太高，市民怎么办？》《奥普浴霸何以“霸”京城？》等。

这些标题不仅像新闻标题一样，能够给读者带来极大的冲击力，还能像故事一样引起读者的阅读兴趣。单从标题上看，足以吸引大量的公众视线。

四、善于引用新闻词汇

在写作软文过程中，善于引入一些新闻词汇，能够让人产生一种身临其境的感觉，淡化软文带给读者的广告味道。常被软文撰写者引用的新闻词汇，有“近日”“昨天”“在我市”“某商场”“据称”“据调查”及“据说”等。如图 5-6 所示，文章中就大量出现了“昨天”“据悉”等新闻词汇。这就很能增强读者的代入感，好像读者跟着笔者去采访了一般。

五、选择人气比较旺的平台

平台人气旺才可能会潜伏着目标用户。在这些目标用户集中的平台上发布软文，一旦被目标用户大量转发，就可能会产生一种“病毒式的传播效应”。比如说，那些站长类的网站，网站上聚集的 90% 以上都是站长。在这类网站上投放软文，如果被这些站长转载，所带来的曝光率、影响率及流量转化率也是非常可观的。

如微博、天涯社区等都是人气很旺的软文发布平台。当前，很多企业也都会开通微博，在微博上发布自己的企业动态、产品信息及公关消息等，往往也能取得不错的软文推广效果。

上海迪士尼菜单:京味焖羊腱 鸽蛋帝王雪蟹冻

发稿时间：2016-04-21 07:54:44　来源：新华网　中国青年网 我要评论

在上海迪士尼乐园，究竟有哪些好吃的？昨天，大厨们特别制作了部分上海迪士尼乐园的美味进行展示，包括京味焖羊腱、上海酥饼、香醇陈酿凤尾虾、鸽蛋帝王雪蟹冻、米奇巧克力塔等，而这只是乐园数百种美食的一部分。

陈德礼介绍，考虑到上海迪士尼乐园的游客大部分将是中国人，因此，乐园的食物以中餐为主，70%为中国各地的中餐，20%为亚洲菜，包括泰国菜、日本料理、韩国菜、印尼菜等，其余10%为西餐，包括热狗、汉堡、匹萨等。也因此，厨师团队基本都是中国人，有的来自四川、有的来自广东，有的是上海本地厨师，各自擅长不同菜系。乐园共有760名厨师，其中仅3人来自海外。

据悉，上海迪士尼乐园的中餐参考了中国八大菜系，加上迪士尼的创新制作而成，菜单的开发设计得到了许多内地名厨的支持，耗时两年半。陈德礼说："当然，我们也会根据专业团队的调研，不断更新菜单。除了核心菜单外，我们还有定制菜单，如主题特色饮品、儿童餐及特色套餐等。"

图 5-6　善于引用新闻词汇

靠微博进行软文营销较为成功的，就不得不提杜蕾斯的鞋套事件。

2011 年 6 月 23 日，北京下起了一场瓢泼大雨。当时，正值北京傍晚下班的高峰，很多人被这忽然而至的大雨困在了办公室里。这是一个叫做"地空捣蛋"的微博账号发了一条微博：北京今日暴雨，幸亏包里还有两只杜蕾斯。在他的配图中，他详细介绍了自己怎样把杜蕾斯作为鞋套。此微博一发出，便被网友疯狂转发，在 1 小时之内便被转发了 1 万多条。

当晚 24:00，这条微博转发量已经超过 5.8 万条，牢牢占据了 6 月 23 日新浪微博转发排行第一名。3 天内，转发超过了 9 万条。

杜蕾斯设计的这次鞋套事件，没有花费一分钱，但是所取得的宣传效果，却可以媲美 CCTV 黄金时间点 3 次 30 秒的广告。《中国日报》的英文版还曾经将此案例评为 2010 年最具有代表性的网络营销案例之一。

当然，“杜蕾斯鞋套事件”之所以能够取得如此轰动的效果，还与杜蕾斯营销团队善于进行营销策划有着很大的关系。但是若是没有微博这个平台，没有那么多使用微博的用户，此博文也就很难被快速阅读、评论与转载。

第六步
移动互联网时代最受欢迎的软文营销推广渠道

随着移动互联网的不断发展，软文的推广阵地也从传统渠道开始慢慢向网络渠道转移。网络营销凭借着传播速度快，涵盖范围广的优势，快速获得了不少营销人士的拥护。在移动互联网时代，做软文营销如果不知道一些网络软文营销的推广渠道，那无疑就落伍了。

那么，最受软文营销人士钟爱的互联网营销渠道究竟都有哪些呢？最常见的有微信、微博、论坛、博客及门户网站等。

微信阵地软文营销

微信，是时下最受人欢迎的一种社交工具之一。微信上聚集着大量的用户，这些用户几乎随时在线，随时可以互动。在微信朋友圈里，一人转发一条信息，如果信息的内容足够好，那么在短时间内，这条信息就可能在朋友圈里大范围扩散。

正是因为微信具有这样强大的营销推广价值，在我们做软文推广的时候，就一定不能忽略对微信阵地软文营销的学习。那么，在微信这个软文营销阵地上，我们能够利用的微信功能有哪些呢?

一、微信公众平台

微信公众平台主要是个人或企业创立的一个微信公众号，通过这个公众号实现与特定群体在文字、图片及语音方面的全方位沟通与互动。微信公众平台又分为订阅号、服务号及企业号这 3 类平台，如图 6-1 所示。

图 6-1　微信公众平台

微信公众平台能够发送图文并茂的信息，并且所发布消息的字数可以达到 600 字。正因为微信公众平台的这个特性，软文推广在微信公众平台上有极大的施展拳脚的机会。在微信公众平台上，软文能够发挥其真实有效的实力，是企业进行软文推广的一个主战场。

当然，在这个平台上也可以发布一些硬广，但是，作为一个朋友圈平台，在微信公众平台发硬广所取得的效果显然就不及发软广。在这种情形下，很多商家都会采用一种软硬结合的营销手段，就是在软文的基础上链接一个“阅读全文”，然后将用户导流到硬广页面。

如微信订阅号“互联网的一些事”，就曾发布了这样一则软硬结合的众筹信息。

消费升级大潮中，不起眼的电水壶“升”出了不一样的气质

过去，所有人记忆中的水壶与电水壶印象几乎都相同。前者是银白色的铝制壶，壶嘴冒着热气，打开壶盖时滴着滚烫的水珠。而后者几乎都又笨又丑，家里用的和小旅馆用的款式一模一样，没有品质。

时代变了，我们的生活变了，消费升级了，水壶这事，却很久没变。作为一种功能性器具，它没有个性，没有精神。它在我们的生活中存在，却没有存在感。

但凡有一只好看的电水壶出现，它就会吸引我们的目光。看到茶素材新近推出的这款电水壶，让人眼前一亮。设计简约，一种强烈的“不一样”的气质，让人心里安静、舒服、踏实，感觉回归了生活的本质。看久了，仍然会觉得好看。在京东众筹上这款电水壶刚一推出，当天 8 小时即实现 10 万元的众筹目标，不到 24 小时就实现了 300% 的成绩。好看，自然会引起心中的共鸣。

茶素材的两位创始人，一位是有过多年做茶电商经验的互联网人庄景杨，另一位是英国圣马丁设计学院毕业的设计师刘芳，她的设计工作室曾为国内著名蛋糕品牌 21Cake 服务。2014 年两个人开始创立茶素材这个生活方式品牌，对生活的研究就落在喝水这件日常之事上。

一开始茶素材做的是喝水的素材——茶，“把茶做对”是品牌成立的初衷。剥离掉茶上面缠绕的营销、面子、形式这些超出茶本质的东西，尊重它原有的属性，茶本来是一种农产品，它不是政治和戏，它是日常。最终，茶素材发展出自己的品牌理念和生活态度，“平常日子，不可平常对待”。一家审美和价值观驱动的公司，有了这样的价值观，才能做出这样的产品。

茶素材在北京后海边上找到了一栋闹中取静的两层小楼，建起了生活研究所。一楼设置成了茶室，接待访客品茶。小楼的风格和产品的风格如出一辙，质朴，舒服，让人放心信任。在这里面工作和打磨产品的人，也在不断地研习着生活，研习着喝水这件看似不大的“小事”，为了你我的日常更有品

质。（摘自微信公众订阅号“互联网的一些事”）

软文最后，如图 6-2 所示，点出了软文写作的行动目标——呼吁读者支持该产品众筹，并附上了茶素材公众订阅号的二维码，点击“阅读原文”即可导入众筹页面。这样一则以茶文化切入的软文，读起来古色古香，加上文字与配图相映成趣，很容易就引起了读者的共鸣。可想而知，当读者读到最后看到了茶素材公众订阅号二维码，看到了众筹的链接，有极大的可能就会点进去看一看。

图 6-2　微信公众号

二、微信朋友圈

随着使用微信的用户越来越多，越来越多的企业及商家开始瞄准了微信朋友圈那一亩三分地。如果我们留意观察就会发现，现在的智能手机用户刷朋友圈的频率越来越高，而很多企业也敏感地意识到了用户的这一行为习惯，将微信朋友圈视为了放置广告的绝佳之处。

的确，与其他一些社交工具相比，微信朋友圈具备随时可发表动态、心情、图片及分享链接的功能。很多微信用户也习惯在空闲之时刷新朋友圈，看一看别人的动态。这就给商家与企业提供了更多让自身的产品与信息曝光的机会。

既然微信朋友圈有如此大的魅力，那么，我们该如何充分运用起这个软文营销的工具呢？用微信发朋友圈，最多可以展示 6 行文字，如果你的软文能够在前三行就吸引到用户的视线，也能取得不错的宣传推广效果，如图 6-3、图 6-4 所示。

图 6-3　微信公众圈

图 6-4　微信公众圈

当然，我们在微信朋友圈发布软文的时候需要注意点儿，广告味道不要太明显，发布的频率也不要太高。如果我们整天都在发朋友圈，就会惹得朋友们的嫌弃，这样一来，他们很可能就会将你拉黑或屏蔽你的朋友圈。

三、微信的一些其他功能

微信之所以会受到这么多人的欢迎，不是毫无原因的，最重要的一个原因就是微信的功能非常强大。这些功能不仅有利于人们的日常交际，更加有利于企业进行一些广告推广。那么，我们究竟还可以利用哪些功能来完成企业的广告投放呢？

1. 漂流瓶

这个功能很适合大范围地投放广告，投放的方式也很简单，把你想要说的话输入漂流瓶的纸条，然后扔出去即可。漂流瓶的弊端是不可以输入图片，同时，使用漂流瓶的人多是出于交朋友的目的，因而，漂流瓶里的文字也不适合长篇大论。

2. 摇一摇

这个功能可以说是帮助微信迅速崛起的一个重要功能。人与人之间利用摇一摇交到有缘分的朋友，企业也可以利用摇一摇来寻找那些对自己产品感兴趣的人。

3. 附近的人

附近的人是一款非常合适企业进行推广的工具。如果你也是经营办公用品的，就可以到那些写字楼比较多的地方搜索附近的人，就有很大的机会能够搜索到自己的潜在用户；如果你是卖化妆品的，就可以到那些白领经常出没的商厦周围搜索附近的人，寻找自己的目标用户。

相对于微信的微信公众订阅号功能及微信朋友圈功能，微信最后的这几项功能更适合做硬广，直接向新结识的朋友展示自己的信息，能为他提供什么服务，硬广所取得的宣传推广效果往往会更好。

微博阵地软文营销

微博和微信差不多，也是一个基于用户关系的信息分享平台。很多企业或名人可以利用微博作为自己宣传推广的工具，发布企业或个人的最新动态，记录企业或个人的成长经历，也可以利用微博向更多的粉丝传递一些企业信息、产品信息及个人事业发展情况等，往往能够取得非常不错的效果。

那么，利用微博进行软文营销需要注意一些什么呢？

一、微博的发布

在微博上发布信息，有一定的字数限制，通常情况下，最多只能发送 140 个字。因而，在这个阵地上进行软文推广的时候，就要尽量将字数浓缩在 140 字以内。

此外，在微博上进行软文推广的时候，还需要注意这样一些问题。发布推广企业的信息不要过于频繁，而是应该隔一段时间发一次。平时看到一些有益的文章，轻松搞笑的幽默故事，或有深度的见解等，也可以多转发，凝聚人气。同时，还可以通过 @ 一些大 V 来提升自己的知名度，如图 6-5 所示。

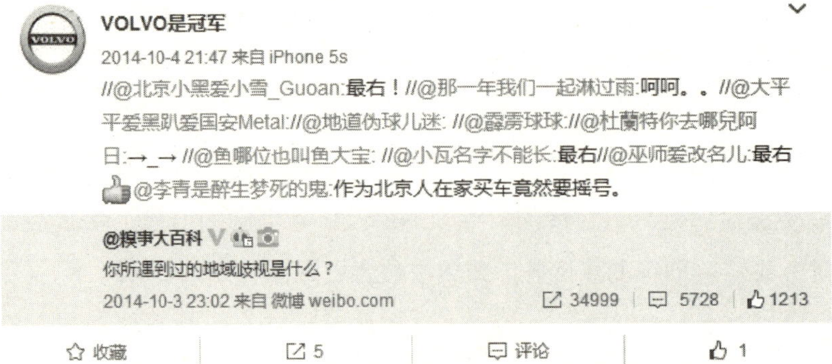

图 6-5　微博软文

因为微博软文投放一般被限制在 140 个字内，所以企业在撰写软文的时候，一定要争取在前 50 个字内就吸引住用户的注意，这样发布的软文才会有效果。如图 6-6 所示的 YouTube 精彩视频微博公众号的软文，开篇就用了科比的话："恨我，别爱我。"让人在一头雾水的同时，又想要仔细去探究一下科比为什么会这样说。进而，吸引更多的人来点击观看精彩视频。

图 6-6　微博软文

二、热门话题

在微博的营销阵地上，话题永远是最吸引用户的终极武器。热门的话题更是能够在短时间内为企业吸引到大量的用户流量。正因为如此，利用热门话题造势也因此成为现在各大企业最常用的一种宣传推广方式。热门话题有很多，名人的一些花边新闻、微博大咖的一些独到见解及实时发生的一些热点事件等都可以快速升级为热门话题。如图 6-7 所示的娱乐榜上榜发布的微博，2016 年“一场说走就走的旅行”大热，图中不仅截取了当前影视界最受欢迎的一些治愈系男神，在这些男神的名字后面，还附上了一句非常有煽动性的话：“你想和谁来一场说走就走的旅行？”这就为各个演员所出演的电视节目很好地打出了一则广告。

图 6-7　热门话题

如果当前没有热门的话题，企业如何利用话题来对企业进行宣传推广呢？没有条件可以创造条件，没有话题也可以创造话题。如图 6-8 所示，通过几句有深度的话，引出了这样的观点“穷忙不是真忙”。独特而有意思的观点，很容易就能引起读者的共鸣，得到读者的大量转发与评论。

微博阵地与别的软文推广渠道不同，讲究短小精悍。因而，在这短短的篇幅之内，你要懂得怎样快速吸引读者的注意。这就要求我们将微博中的软文写得要么性感、要么有趣、要么经典。此外，还要注意及时回复自己的粉丝与好友。

图 6-8　创造话题

三、微博软文撰写手法

微博软文的撰写手法有两种，一是创意式，二是分享式。

1. 创意式

创意式软文就是你的微博所发布的软文，要富含一定的创意，让人在阅读的过程中，能够心领神会。比如，杜蕾斯的官微在这方面就做得很好。

李娜退役时，杜蕾斯快速做出反应，发布了创意式图文软文：一路有“李”，“娜”就很好。更让人拍案叫绝的是，配图上的产品，早在刘翔参加 2012 年奥运会旧伤复发，却坚持走完全程时就用过。当时，刘翔事件曾是众人关注的焦点，杜蕾斯借此事件造势："最快的男人并不是最好的，坚持到底才是真正强大的男人。"该文案初看很一般，但是结合刘翔因伤失利却仍坚持完比赛的事情来说，这则文案则既有人文关怀，又有品牌深意。对于一个避孕套厂家来说，说出"最快的男人并不是最好的，坚持到底才是真正强大的男人"更是内涵丰富。

世界杯时，男人们都在熬夜看球赛，不免冷落了身边的"她"。世界杯结束后，杜蕾斯马上开始推出了自己的"出来混，迟早是要还的"图文并茂的文案，并配文"'球'事结束了，欠的床事要还了！"诱惑味十足的话语，让人不免想入非非。

在软文营销领域，杜蕾斯可谓是营销的大师，几乎每一次营销都能以最低的投入获得最大的回报。

2. 分享式

简单说来，就是对那些比较热门、受关注度比较高的微博进行转载、评论与分享。如图 6-9 所示，郭德纲微博发布的一条信息。很快转发量就达到了几百，点赞者更是近万。

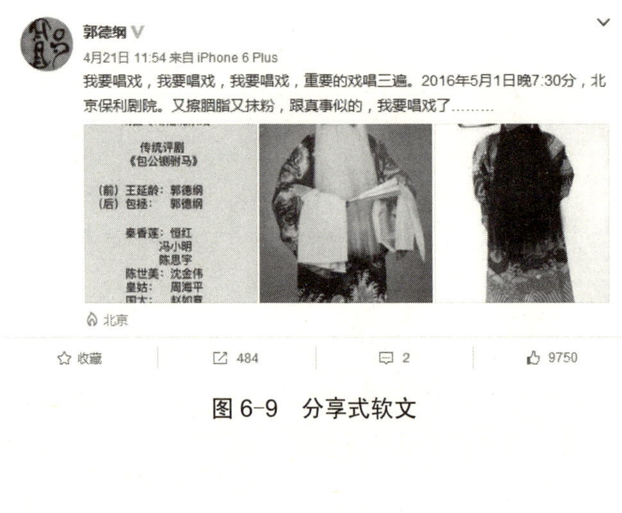

图 6-9　分享式软文

论坛阵地软文营销

客观上说，近几年随着微信与微博的兴起，论坛社区的热度其实已经开始大大地降温。尽管这些年论坛的宣传作用渐渐减少，但是一些知名论坛的宣传推广作用，依然不容小觑。

在多年从事电商服务的过程中，我曾接触过各种各样的宣传推广方式，也尝试使用过几十种宣传推广方式。在经过一番尝试与比较之后，我发现，论坛推广算是提升流量比较快、转化率比较高、最为经济实惠的一种推广方式。

进行论坛推广，就必须要在论坛注册一个 ID，才能在论坛里进行发帖或灌水。但是，简单在论坛里面发发帖、灌灌水却并不是我们到论坛安营扎寨的目的。

作为企业来说，不论是在哪个推广渠道发帖，最终目的都是为了圈用户，提升用户的转化率。既然如此，企业想要在论坛发文并取得不错的宣传推广效果，应该注意哪些事项呢？

一、选择好宣传点

很多企业在最初开始做论坛推广的时候，并不知道该从何处下手，总是以为随便找人写几篇文章就可以了。其实，这种做法是非常错误的，这样做不仅不能取得想要的宣传推广效果，有时候甚至还会引起用户的反感。

为了避免这种情况的发生，我们就很有必要分析一下用户群体。对于一些在论坛上进行软文推广的企业来说，其最初的出发点就是为了让读者在看到自己的软文之后能够提高对品牌及企业产品的认知，从而达到引导读者购买的目的。

可以说，软文推广的目的就是为了宣传企业的品牌或产品，进而提高用户转化率。

那么，我们怎样才能让消费者相信企业的品牌，对企业的产品产生兴趣，最终发生购买行为呢？在撰写软文的过程中，需要有这样一些侧重点。注重产品的便利性、专业性和安全性，以及价格、售后等。如果能够加入一些真实的顾客购买案例，让读者读起来更真实，就能创作出非常优秀的消费体验软文。

在软文推广界，一些有经验的软文写手，往往将软文分成 8 大类 32 小类。而消费体验类软文就是 32 小类中最为重要的一类。何谓消费体验类软文，简单来说，就是用户在看到某些产品的品牌宣传之后，所产生的购买行为，并将购买过程中的所思所感用文字认真地记录下来。这些软文可以是图文并茂式的，也可以是口语化的，通常以老友间闲话家常的语气展开。如图 6-10 所示的帖子，帖子的标题是呼吁大家晒一晒能够在春天提升颜值的单品，跟帖者众多，如图 6-11、图 6-12 所示，跟帖者分别晒出了自己认为非常不错的化妆品。但是，跟帖的人真得都是纯粹的论坛用户吗？不一定，很可能有不少跟帖是商家对产品的推介。

图 6-10 图文并茂式软文

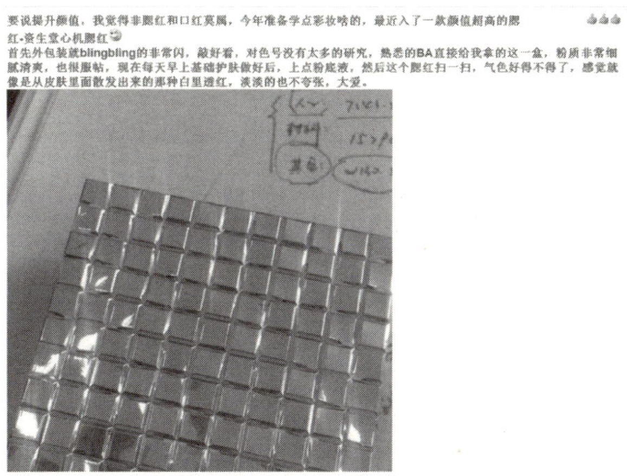
要说提升颜值，我觉得非腮红和口红莫属，今年准备学点彩妆啥的，最近入了一款颜值超高的腮红-资生堂心机腮红
首先外包装就blingbling的非常闪，巨好看，对色号没有太多的研究，熟悉的BA直接给我拿的这一盒，粉质非常细腻清爽，也很服帖，现在每天早上基础护肤做好后，上点粉底液，然后这个腮红扫一扫，气色好得不得了，感觉就像是从皮肤里面散发出来的那种白里透红，淡淡的也不夸张，大爱。

图 6-11　跟帖商家

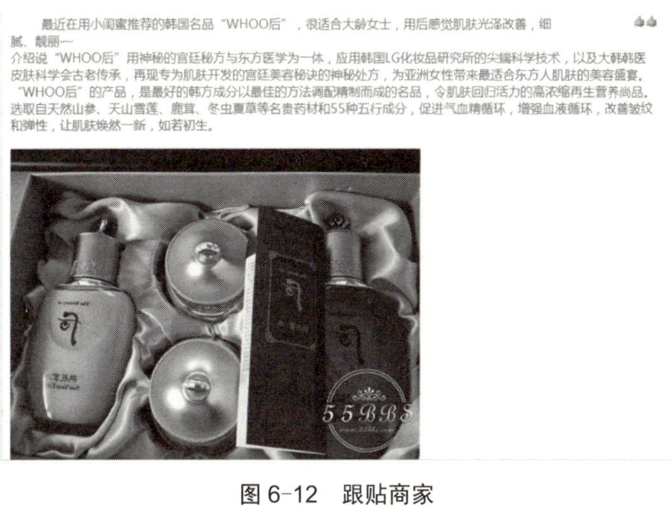
最近在用小闺蜜推荐的韩国名品“WHOO后”，很适合大龄女士，用后感觉肌肤光泽改善，细腻、靓丽……
介绍说“WHOO后”用神秘的宫廷秘方与东方医学为一体，应用韩国LG化妆品研究所的尖端科学技术，以及大韩韩医皮肤科学会古老传承，再现专为肌肤开发的宫廷美容秘诀的神秘处方，为亚洲女性带来最适合东方人肌肤的美容盛宴。“WHOO后”的产品，是最好的韩方成分以最佳的方法调配精制而成的名品，令肌肤回归活力的高浓缩再生营养尚品。选取自天然山参、天山雪莲、鹿茸、冬虫夏草等名贵药材和55种五行成分，促进气血精循环，增强血液循环，改善皱纹和弹性，让肌肤焕然一新，如若初生。

图 6-12　跟贴商家

在后面的跟帖中，跟帖者以使用者的身份来向大家推介自己使用过的产品，这就不会引起读者的反感。相反，因为是以一种自我为主体的方式叙述，更容易让人信任。如果我们仔细看这些跟帖者的跟帖内容，还会发现，她们都非常详尽地介绍了产品的优势及能够给自身带来的好处。

在安全性及性价比方面也有所涉及，这样不着痕迹的软文无疑能够最大化地实现用户转化率。

二、选择好宣传阵地

一篇软文写好之后，一定要选择好合适的投放地，不然，投放不精准，前期所做的所有努力也就会被付之东流。所以，首发站在目标人群中一定要拥有相当的知名度。与此同时，在首发站投入相当比例的广告，让你的消费体验软文变得真实可信。

如果你的首发站选得不错，同时你的文章也写得非常棒，那么，你的软文就有很大的概率会被推介到首页上。一旦被推介到首页上，软文点击与回复都会极大地增加。也会有一些小站主动转载你的文章，当你的软文具有一定的知名度以后，你就可以手动将这些文章转载到那些人流量比较高的论坛中去，如购物类论坛、行业类论坛等。

关于具体如何确定哪些论坛的流量高，我们可以询问一些经验比较丰富的朋友、邀请专业的用户进行讨论及请咨询公司帮助做一些调查等；也可以借助百度关键词来搜索论坛，找出那些排名前 100 的，列出一个榜单，然后再到各个论坛去逐个发布。

具体操作，可参照如下方式。

1. 论坛推广人员及时间安排。

推广人员 1 名，工作时间 09:00—18:00（中间休息 60 分钟），活动推广时间为 30 天。

2. 推广对象：久久克拉网。

3. 推广目的地及策略：站外论坛，利用各类软文造势。

4. 初始环境：站外论坛推广很少，外链也极少，当前外部论坛来源 IP 也极少。

5. 理想目标：每天新增 1000 个 IP。

按照这个目标去执行，一个月后，我们就能很清楚地知道哪个论坛的效果好，哪个论坛的效果差。一般来说，那些排名比较靠前的论坛，推广效果相对也要好。但有一点，这样的网站因为要求网站质量，要求相对比较严格，通常不允许软文之中添加外链。即使添加了外链，这些排名比较靠前的论坛版主也基本都会砍掉外链。了解了这些，大家在论坛中进行软文推广的时候，就知道具体该怎么操作，哪些论坛更适合操作了。

三、论坛发文类型

在论坛中发文，采用哪种软文类型比较好呢？个人认为，提问式软文最能快速吸引人气。

什么是提问式软文呢？我们在前面的章节中已经提到过了，就是以问题开头来做标题，让人从论坛文章的列表中一看，就知道这是一个人在发问。

我为什么觉得提问式软文是论坛发文最好的类型呢？主要有这样两个原因，如图 6-13 所示。

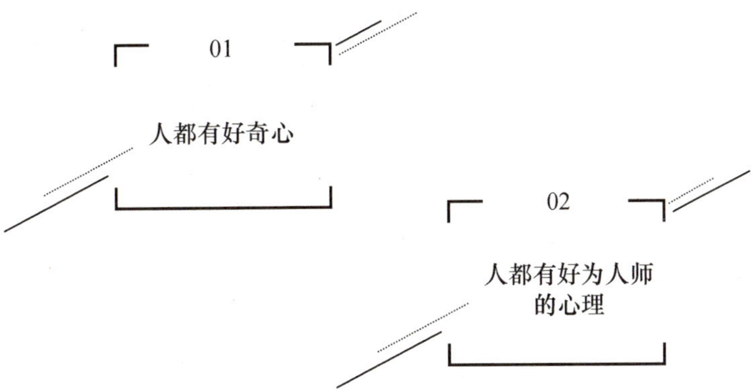

图 6-13　论坛发文类型

1. 人都有好奇心

提问式的写作方式，相比于陈述式的写作方式，更容易激发起读者的好奇心。拿经典的蓝翔广告软文案例来说，如果蓝翔不是采用了提问式软文“挖掘机技术哪家强？”而是采用陈述式的“挖掘机技术蓝翔强”，你还会点进去看吗？答案显而易见。

2. 人都有好为人师的心理

当你看到了一个帖子，帖子所提出来的问题，恰恰是你知道的，你是不是会很热心地点进去帮助别人解答？如同样是蓝翔广告，帖子如果这样发："挖掘机技术哪家强？"你正好知道蓝翔挖掘机技术最强，你可能就会点进去；如果这样发"挖掘机技术蓝翔强"，你可能就会这样想，你都知道蓝翔强了，我还跟你说什么？点进去也没什么意思。

既然论坛发文适合选用提问式，那么具体操作的时候，我们该怎么做呢？有两种方式，如图 6-14 所示。

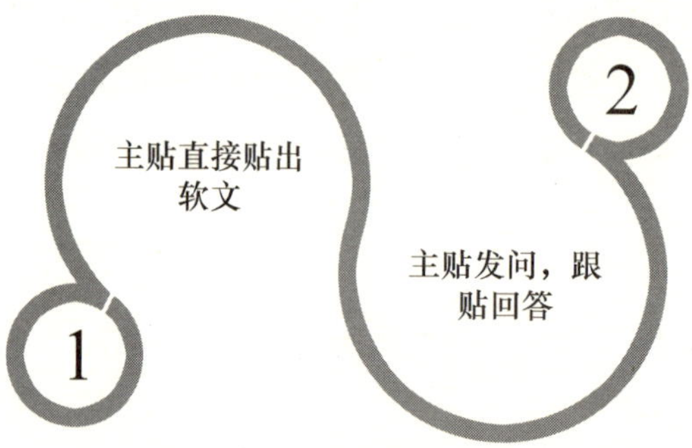

图 6-14　论坛发文方式

（1）主帖直接贴出软文

比如，标题为"挖掘机技术哪家强？"这个帖子一看就是介绍挖掘机的。而这个帖子的答案也把握在楼主的手里。说实话吗，这样的贴文方式跟其他渠道的发文并没有什么区别，这样的方法，在其他一些新闻类网站同样也可以运用。

（2）主贴发问，跟帖回答

这是论坛发文的一种最常见的形式。比如，标题是"我想要学习一门手艺，听说挖掘机技术很吃香，请问挖掘机技术哪家强？"然后，在主贴之中，主要就是讲述自己是多么想要学习挖掘机技术、多么想到名校去学习。接着，在跟帖中，以马甲的身份讲述自己的亲身经历，表达自己当初也和楼主一样迷茫，后来机缘巧合到蓝翔去学习，毕业之后学校还包分配，获得了国家承认的学历。在单位内，因为自己的技术出众，很快就成为单位的骨干，目前收入不错，有车有房。而且，到蓝翔去学习的话，学费还不贵。

至此，一篇论坛提问式的经典软文就出来了。和第一种直接在主贴中贴出软文的形式相比，这种论坛提问式的经典软文具备有如下优势：首先，以马甲回复形式展开，能够给人一种强烈的真实感；其次，主贴发文，跟帖回复，能够保证自己的帖子始终处于论坛帖子总页面的最上面。这在一定程度上能够增强帖子曝光率。

博客阵地软文营销

近些年，随着微博、微信等社交工具的不断涌现，博客用户被大量分流。但是，即便如此，博客所拥有的用户数量及用户活跃程度依旧可观。因而，博客阵地的软文营销同样不容忽视。

同其他渠道的软文营销相比，博客发文缺乏一定的即时性，不能满足人们随时随地关注实时动态的需求，但这并不影响博客成为软文营销的主要阵地。事实上，博客作为一些意见领袖曾经活跃的阵地，一直也是企业或个人发布及更新企业、个人相关概况和信息的重要渠道。很多企业或个人可以通过关注或回复那些知名度较高的博客达到宣传推广自身的目的。

与其他的网络推广工具相比，博客不仅具备其他网络营销工具所不具备的稳定性，而且还能帮助企业获得一定的话语权与权威性。与其他渠道的软文发布相比，博客发文没有诸多的限制，博主可以自行决定博文的发布内容。如果博主发布的内容质量足够好，足够有吸引力，还能为博客吸引到大量的粉丝，有效地为企业聚集人气。

当然，更重要的一点，通过博客阵地的软文推广，能够帮助企业有效地节省广告投入，节约营销成本。

既然博客营销有这么多的好处，那么在博客阵地进行软文推广需要注意一些什么呢？

一、注意关键词的巧妙植入

因为博客软文发布没有那么多的限制，所以在博客软文中，我们可以适当多植入一些关键词。就算关键词多一些，也不用担心文章会被删除。当然，这样做的前提是，你必须保证自己的文章质量过硬，便于读者阅读，引起读者的阅读兴趣，这样才可能达到最好的阅读效果。

例如，著名的个人独立博客卢松松博客，在卢松松博客发布早期，卢松松凭借优质的博客内容，吸引了大量博客用户的关注，在短短 6 年的时间内，将卢松松博客打造成了国内最具人气的个人独立博客。

随着卢松松博客的名气越来越大，越来越多的知名媒体人开始给卢松松投稿，目前的卢松松博客已经发展成为独立的站长网站，网站划分为多个板块，如图 6-15 所示，成了国内较为知名的自媒体平台。

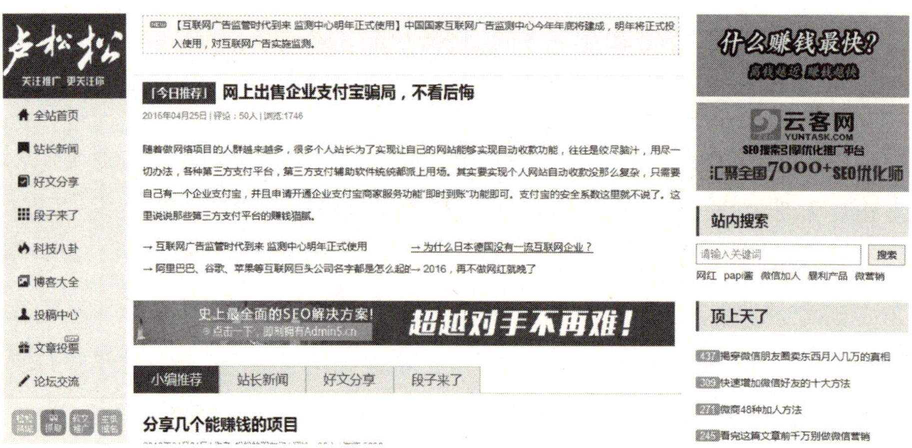

图 6-15　卢松松博客

随着卢松松在自媒体中的知名度越来越高，很多企业会主动与卢松松联系，希望在该网站上进行广告投放。自媒体人卢松松凭借着博客这个平台，不仅成功营销了自己，还帮更多的企业成功地进行了品牌和产品的宣传推广。

当然，在博客中发文的时候，如果能够加入外链，也是很好地帮助自己导流的一个方法。而且，在博客中加入外链，并不像在其他渠道那样会受到种种限制，只要我们想加，就可以加，这些外链能够最大限度地为企业导流，提升用户的转化率。

二、文章以适合转载为宜

企业在博客中发布软文，如何才能让文章被更多的用户看到呢？最重要的一点，就是企业的软文一定要适合转载。当许多的用户主动地充当了你的传播媒介，主动地将你的宣传软文转载到自己的博客空间的时候，企业的产品或品牌就能被更多的人所熟知。企业软文推广也就会取得非常不错的营销效果。

什么样的文章适合转载呢？有这样一个参考标准——必须具备一定的收藏价值。

什么样的软文最具有收藏价值呢？很显然，是那些用户觉得有用、具备一定实用价值的软文。

如这样一篇文章《零费用日吸 2 万粉丝？高手原来都是这么玩的！》该篇文章标题醒目，如果是那些做网站的企业，第一时间就会关注到这篇文章，当点进去读过之后，感觉还不错，就会主动自发地转载文章。当然，一些读起来比较轻松、幽默或非常经典、富有哲理、能够给人以启迪的文章也会赢得绝大多数人的转载。

说到这里，也许有的人会问，如果我写不出来这样精彩的原创文章，该怎么办？

写不出原创的精彩文章，我们可以写一些“伪原创”的文章。何谓“伪原创”的文章呢？通俗点讲就是将那些转载量比较大的文章，加以修饰，改头换面，发布到自己的博客中。

三、按照博客圈子的不同分类发布软文

经常逛博客的人都知道，因为博客用户的兴趣爱好不同，博客用户又会加入不同的博客圈子。那些热门的博客圈子聚集的博客用户数量可能上千万，他们因为相同或相似的爱好聚集在一起。选择那些人气比较旺、用户活跃度比较高的博客圈子加入，然后撰写自己的软文，发布之后记得推荐到圈子，就能让自己的软文获得很高的曝光率。

四、内容应有所侧重

如果我们用心观察就会发现，那些知名的博主所发布的博文内容大多比较优质，针对性也比较强。

如“龙城碎月”所发布的博文，主要是一些书评及作者对某些社会现象的独到见解；“自然自我”所发布的博文，则是针对社会现象所阐发的观点。这些博主都比较有名。而他们之所以能够在众多的博客中脱颖而出，就是因为他们的博客内容有所侧重，让读者觉得有味儿，可读性比较强。

这就给企业提了一个醒，如果你想要让自己的博客吸引大量人，就一定要提供优质的博客内容。比如，你是摄影企业，那么，你所发布的博客内容，就一定要能够吸引摄影爱好者的眼球；你是旅游企业，你所发布的内容，就要让那些旅游爱好者一望就心生向往，如图 6-16 所示。

五、注意对博客的维护

不管是做什么，都是需要维护的。经营博客也是如此，在博客上发布文章，不能三天打鱼两天晒网，而是要坚持下去，经常和自己博客的关注者进行友好互动，及时回复网友的留言，听取网友们的意见和建议，在博客中发起一些活动，带动起网友们的积极性等方法都能取得很好的营销效果。

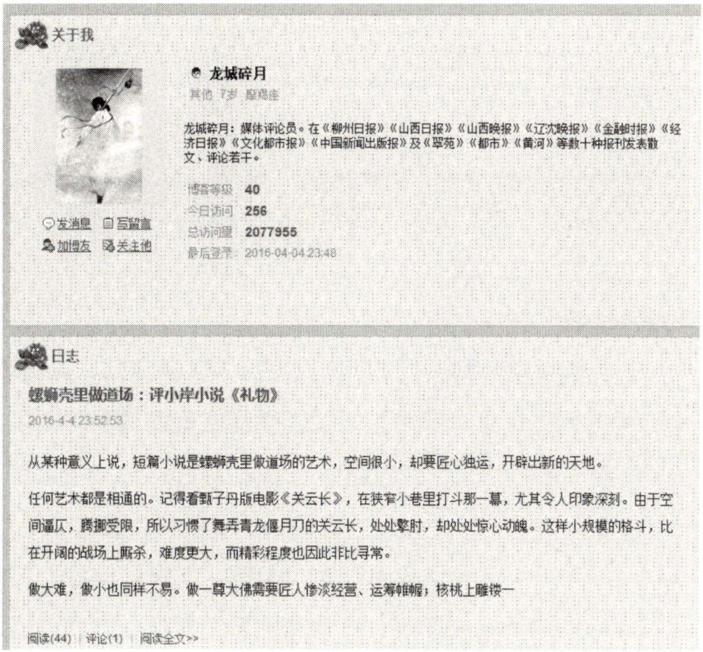

图 6-16　内容有所侧重

门户网站阵地软文营销

打开一些门户网站，我们的第一反应就是门户网站所涵盖的内容非常全面，信息量巨大。门户网站这种独有的优势，决定了它比其他一些企业网站更适合做软文营销。而且，和其他的企业网站相比，门户网站还具有如图 6-17 所示的特点。

一、无删帖情况

不管是用户还是企业所发布的帖子都可以永远保留在网站上，企业或者用户能够随时查看这些帖子。这一点，其他网络营销渠道显然无法比拟。

图 6-17　门户网站特点

二、更具权威性

和其他一些营销渠道相比，门户网站显然更具权威性，如新浪网、凤凰网等门户网站所发布的文章，往往可信度较高及更具权威性。如果企业能够在这样的门户网站上发布软文，就能够极大地提升企业与品牌的形象。

三、可植入外链网站

一些官方门户网站，会允许企业在软文中植入外链，这种外链所带来的流量是非常可观的。对于企业而言，在软文中植入外链，有效引流可以极大地提高企业在网站的权重。

四、更有效的搜索

在门户网站发表软文，如果你发表得及时，就会被显示在搜索引擎的黄金位置，有助于提高软文的曝光率。

五、提供强有力的佐证

门户网站在某种程度上说，比其他一些企业网站更具有权威性，如果我们能够把企业发布到门户网站的一些截图展示给顾客看，就能极大地增强我们产品的说服力，有效推广企业的产品与品牌。

既然在门户网站做软文推广有着这么多的优势，那么，我们具体该如何在门户网站发布软文呢？从以下 3 步入手。

一、选择合适的门户网站

在门户网站的选择上，我们不仅要首选那些权威性比较强的门户网站，还要注意到这样一些问题，如图 6-18 所示。

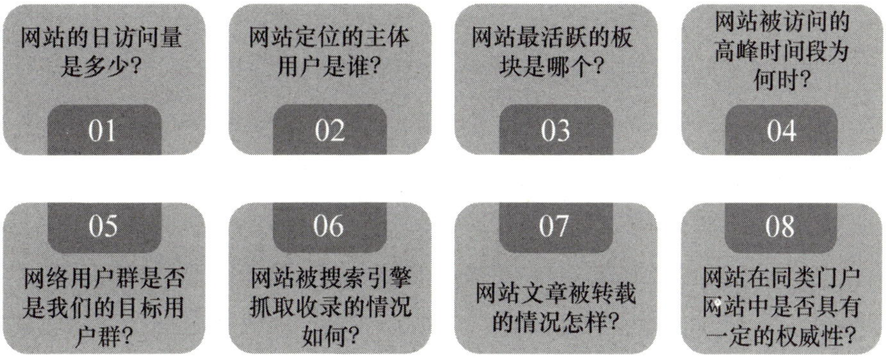

图 6-18　选择门户网站时需注意的问题

1. 网站的日访问量是多少?

2. 网站定位的主体用户是谁?

3. 网站最活跃的板块是哪个?

4. 网站访问高峰的时间段为何时?

5. 网站的主要用户群是否是我们的目标用户群?

6. 网站被搜索引擎抓取收录的情况如何?

7. 网站文章被转载的情况怎样?

8. 网站在门户网站中是否具有一定的权威性?

参照这 8 个标准来选择门户网站，你就能保证自己的软文能够在同类网站中取得最佳的宣传推广效果。知道了选择门户网站的标准，我们还需要掌握门户网站的分类，这样才能保证自己的软文投放能够获得最佳的宣传推广效果。

门户网站的分类有以下 3 种。

1. 搜索引擎式的门户网站

搜索引擎式的门户网站，主要的功能是为广大的网民提供搜索引擎及其他各种网络服务。这类网站在国内比较少见，其中比较知名的有 Google 及 Yahoo。

2. 综合性的门户网站

综合性的门户网站主要以新闻信息及娱乐资讯为主，国内比较有代表性的综合性门户网站有新浪、搜狐等。

3. 地方生活类门户网站

地方生活类门户网站是当前最流行的门户网站中的一种，主要以本地资讯为主，多数地方生活类门户网站包含本地资讯、分类信息、同城网购、征婚交友、求职招聘、团购集采、上网导航、生活社区及口碑商家等板块。

国内一些门户网站还包括电子图册、地图频道、音乐盒、万年历、在线影视、旅游信息、打折信息、优惠券及酒店信息等一些生活实用功能。地方生活类门户网站，比较有代表性的有百汇网、贵州生活网、浙江在线、杭州 19 楼、成都第四城及瓮安在线等。

比如，有人曾在杭州 19 楼中发布了这样一个帖子。

改变不止于见：联想乐檬 X3 上手初品玩

进入到 2015 年之后，千元产品市场呈现出井喷式的增长态势，其中更是有着不少号称千元旗舰的新品入局，给本就焦灼的战局平添了许多变数与未知。

联想乐檬品牌在发布之初的定位原本也是瞄准这一价位段，并且前期主推的联想乐檬 K3、联想乐檬 K3 Note 等一系列产品，在用户当中也积累下了不错的用户口碑。但毕竟从厂商的角度来看待千元产品市场，过于沉溺低价位段产品的竞争并不利于在产品技术研发上的持续投入，于是在这款联想乐檬 X3 上（图 6-19）我们看到了它的蜕变。

摆脱了低价的无解死循环，在产品层面的投入也就相对轻松自如了很多。虽然从表面来看联想乐檬 X3 在售价上的确有一定的提升，但笔者相信看完我们对这款产品的详细体验之后，你会认为内在的升级也是足够有料的。

图 6-19　联想乐檬 X3

改变不止于见

联想乐檬 X3 的改变与之前的几款产品相比几乎可以说是颠覆性的，抽屉式的产品包装更加纤长，盒体表面的矩形矩阵也更有科技范儿，也让笔者联想到了前不久发布的 Moto X Style 的包装盒，也是采用了类似矩形色块矩阵的设计，可见如今联想在产品包装上着实也花了不少心思。

笔者并不是第一次看见联想乐檬 X3 的外观，早在 2014 年 9 月北京通信站上这款产品就已经低调曝光过，但产品上手之后还是有挺多可圈可点之处。首先该机在握持手感上相对很多 5.5 英寸机身更便于单手握持，相对而言屏占比也就要比同类产品控制得更好；其次金属元素也是首次出现在联想乐檬系列产品上，对产品的外在气质有明显提升。

联想乐檬 X3 正面配备了一块 5.5 英寸 1080p 屏幕，屏幕面板依旧来自主流厂商康宁，In-Cell 技术让屏幕的显示效果更清晰自然。正面较为明显的改变在于双前置扬声器，上下两端的点矩阵扬声器孔位一方面增加美感，事实上在音效上带来的改变也是十分显著的，后面我们会详细阐述。

指纹识别作为目前大多数主流产品的标配，此次联想乐檬 X3 也没有错过，此外在指纹识别模块上部还配备了 2100 万像素索尼 IMX230 主摄像头和双色温补光灯。手感好一方面是机身腰线控制得当，另一方面机身背部的类肤质磨砂涂层也是个加分项，此次我们拿到的是白色版本，带来更好手感的同时指纹沾染的问题也并不明显……（摘自杭州 19 楼）

上面这则软文发布在杭州 19 楼的手机控版面，软文以一个用户的身份，用大量的篇幅介绍联想乐檬 X3 手机。不管是手机的外观、配置，还是音乐、拍照、双卡双待等功能都足以吸引一些手机爱好者。果不其然，这则帖子发布以后，很快就有人来跟帖，如图 6-20 所示。

图 6-20　杭州 19 楼跟帖

二、明确具体的事宜

不少具有权威性的门户网站的广告投放是需要付费的。这个时候，就需要企业或个人与门户网站协商好合作投放的事宜。比如，问清楚一年的投放费用是多少？每天可以投放多少软文？设置主题页需要花费多少？发布软文需要遵循哪些要求？是否可以植入外链？等等。

三、根据自身软文的性质，确定在哪类门户网站发布软文

在所有门类的门户类网站中，综合类网站所能带来的软文推广效果是最好的，但是这并不代表所有的软文都适合在综合类的门户网站上发布。如果你所从事的行业区域特性比较强，如酒店、摄影、医疗卫生等行业，你就完全没有必要将软文投放到全国性的综合类门户平台上。相反，你将软文投放到一些地方性的门户网站上，所取得的效果可能会更好。

其他阵地的软文营销

除了微信、微博、论坛阵地、博客阵地及门户网站阵地的软文营销，我们还可以在哪些地方进行软文营销呢？除了上面软文营销渠道，还有一些网络阵地的软文营销效果也不容忽视。这些网络营销阵地主要有以下 3 个。

一、电子邮件中的软文

利用电子邮件推送广告在几年前曾经风靡一时，也让不少网民对电子邮件营销非常反感。但是，即便是这样，电子邮件软文营销的效果依旧不容小觑。

利用电子邮件进行软文营销同样也需要注意一些问题。

最首要需要注意的问题就是，电子邮件中的软文不要设计得太华丽。因为这样别人会将你的软文当成广告，直接拒收或根本不打开看。一些软文高手在进行电子邮件软文营销的时候，往往会将标题设计得非常精简，正文也力求短小精悍。利用电子邮件进行软文推广，我们并不建议在附件之中展示软文，最好的方式是直接展示。

网友在收到邮件之后，在 5 秒钟之内就能判断出这封邮件对他是否有价值，这将影响他是否继续阅读该邮件。所以，我们才说，利用电子邮件进行软文营销一定要将重点放在软文的标题与开头上。关于软文标题与开头的写法，我们在前面的章节中已经介绍过，大家可以参考。

二、站长软文

和其他类的软文不同，这类软文的最主要目的是为了迅速增加网站的流量，其次才是提升用户的转化率。与其他类型的软文相比，这类软文更加注重外链。与此同时，因为大部分站长的工作量都很大，几乎没有充足的时间用心写好一篇软文，即便有这个时间，也很难按照软文营销正常的发布流程去做。对于绝大多数站长来说，都希望自己的软文能够速成，并且取得不错的效果。

这就需要我们掌握软文撰写的技巧。正常说来，一篇优秀的软文，从策划到成形，需要我们花费很多的心思。纵观那些比较受用户欢迎的软文，大多具有这样的共通之处——原创性比较高。然而，就像我们在前文中所说，站长并没有那么多的时间去写原创性非常高的软文。这个时候怎么办？可以适当运用伪原创的方法。虽然我们并不提倡这种方法，但是对于那些没有大量充裕时间的站长而言，这也是不得已的。

伪原创也有技巧性可言，那就是一定要让用户感觉有干货，让读者在读完之后，能够有所收获，下面这则软文，就写得很不错。

我是如何用 30 篇微信软文换来 30000 个种子用户的？

本文作者介绍：我叫米拉（微信号 mila2121），在一家汽车养护类 APP 做新媒体运营，6 年互联网 / 移动互联网工作经历，曾先后做过 PC 端网站内容运营、网络营销、活动策划及公关。2014 年我们团队在 3 个月内用 30 篇软文带了几万的种子用户，2015 年 7 月，我们成为汽车养护类唯一一家一年完成 A、B、C 三轮融资的 APP，目前新媒体并非一个健康成长的行业，大家都在摸索着前行，期待更多的从业者一起交流。

先给大家看 3 个微信软文的威力（请原谅我，不能拿自己公司具体数据来分析软文对于 APP 拉新的巨大作用）。

标题 1：对不起，我只过 1% 的生活

产品：某漫画 APP（为避免广告嫌疑，产品名称暂时隐匿）

标签：励志，正能量

传播方式：微博 + 微信

微信形式：图文 + 漫画

数据：微信 10 万 +，微博 6000 万

APP 排名：连续 3 天冲到了 Apple Store 免费榜榜单第一位

下载量：苹果当天下载超过 30 万

作者：陈安妮，潮汕人，90 后漫画家，2014 年毕业于广东外语外贸大学。目前已出版畅销绘本《妮玛，这就是大学》，代表作有《二在广外》《安妮和王小明》等。

标题 2：明年我会拿出 1 个亿的利润分给员工，让他们开心一下

产品：某表 APP

标签：90 后霸道总裁，财务自由

传播方式：《开讲啦》节目 + 社交媒体扩散

微信形式：图文 + 视频

阅读量：微信 10 万 +

APP 排名：一度排名苹果应用商店免费应用总榜第四名，教育类别第一名

下载量：暂不可知

作者：余佳文，广州大学华软软件学院毕业 ，超级课程表创始人，90 后创业者。由其团队开发的超级课程表已获得三轮融资，“高二赚第一桶金 100 万”“获阿里巴巴千万美金风投”等。

标题 3：梵高为什么自杀

产品：某宝

标签：段子手，无厘头

传播方式：叙述性结构 + 自媒体矩阵

微信形式：图文（无厘头艺术拼图）

阅读量：微信 10 万 +

目的：推广某宝（类似案例：推广某专车——绿茶婊的世界你永远不懂）

作者：顾爷，顾孟劼，平面设计师，漫画家，旅居澳大利亚，现担任澳洲设计公司 pure blue 的设计师，因在微博上连续发布“小顾聊绘画”系列长图而被人熟知，现已创业。

这 3 个案例都是从 2014 年到 2015 年几个颇为有意思的微信软文营销，除了顾爷是比较简单粗暴直接品宣以外，其他两个案例都是典型的软文事件营销，共性都是通过一篇文章以极低的成本带来大量的用户，达到了大多数 APP 开发者靠砸钱都达不到的结果。

……

第一次，我们用 1 篇文章换来了 3000 种子 APP 用户

……

接下来，我们又用 30 篇文章吸引到了 3 万 APP 用户

而接下来的 3 个月，我们在同一个渠道投放接近 30 篇同样主题的微信软文。与其找自媒体砸钱做广告，不如自己踏实练好微信内功。

作为一名新媒体运营者，应该怎样利用微信做软文推广呢？

1. 请先定位你的用户群体

模拟出用户应该关注的领域，找到用户

比如我们是汽车养护类 APP，针对的是准车主用户，有车一族比较关心的资讯肯定是汽车相关的媒体、自媒体，其次为衍生关注比如金融、投资、时尚领域（这个比例可以通过渠道投放计算出精准用户比例）。

我们本身是 O2O 领域，用户非常垂直，第二步根据我们能服务的城市找汽车、金融、投资等领域的大号。

2. 评估微信大号是否值得投放

找到应该投放的账号，梳理出3个月微信内容阅读量，拉出平均值，预估粉丝总数。

请记住并非所有的账号告诉你的粉丝就一定是真的，也并非你看到的阅读量都是真的，所以这个时候需要你自己火眼金睛，预估出该账号的粉丝总量、活跃粉丝数量，进而评估该账号是否值得投放。

3. 软文突破口在产品吸引力

找到用户，再找到用户和产品的切合点，吸引用户对你感兴趣。

对车主粉丝进行观察、对用户习惯资料积累分析，精准描摹车主用户群形象与喜好，因此所进行的阶段推广必须建立在对用户有用、惠及用户、抓住用户痛点的基础，才能够进行有效的用户经营。

我们产品以洗车作为车主用户刚需切入口，以用户首次注册只需很便宜的价格就可享受服务作为拉新手段，引导用户直接下载，简单粗暴（一定要对数据埋点哦）。

4. 软文最关键——先做标题党

先以某杜做比方，拉了某杜6篇头条内容阅读量。

很明显，阅读量比较高的基本都是主打情色擦边球。而不涉及情色的阅读量相对而言就低很多。

……

汇总：如果自己平台粉丝不够，投放成本比较高，那么找业内运营较好和你粉丝匹配的大号直接投放即可。投放原则：评估账号价值、挖掘产品卖点、深耕内容好好做标题党，其他就靠自己悟了。（摘自姑婆那些事儿）

整篇文章以别人的成功案例开端，以自己的成功推广经验结尾，篇幅虽然不短，但大多是别人的案例及自己的一些经验之谈。这样的软文在写作的过程中，因为有着许多的案例借鉴，所以写起来不会特别困难。与此同时，这些案例大多是比较知名的成功案例，人们在阅读的过程中不会觉得枯燥，反而会觉得非常实用、有意思，这就能够极大地提升软文的阅读量，为网站吸引到大量的用户。

三、淘宝店软文

这类软文主要是在电子商务网站上进行产品描述的软文。推广自己的产品，达到销售目的，是这类软文写作的初衷。想要写好这类软文，其实很简单，只要弄清楚 3 个问题就可以了：产品的优势是什么？顾客为什么要从你这里买？凭什么让顾客立即下单？

当然，如果想更快地促成顾客交易，你最好还要解决一些顾客的后顾之忧，买了不满意怎么办？你的产品有哪些让人信服的地方？

将这些问题以简约的文字配上精美的产品图片，展示给顾客看，往往就能取得不错的软文推广效果。如图 6-21 所示，精美的配图，加上对产品外观、性能、受欢迎程度等做了全方位的描述。软文推广语言极具煽动性与诱惑力，如果宝妈恰好看到了这一页面，并且具备一定的经济实力，购买的可能性就会非常大。

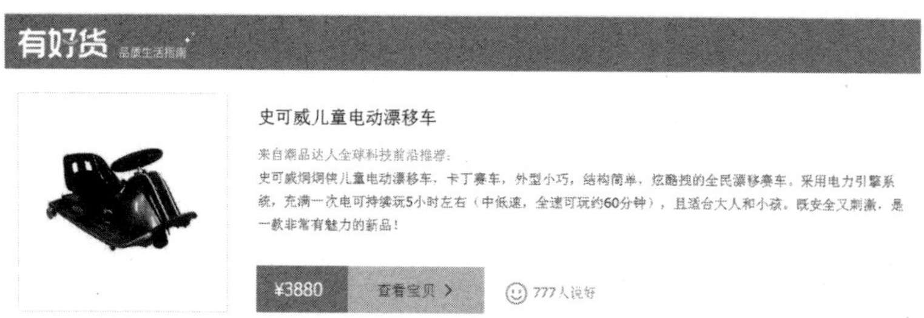

图 6-21　淘宝店软文

综上所述，不管是在哪个阵地进行软文营销，其实都是有一定的技巧可言的。我们只有把握住了这些技巧，才能让我们的软文被推送到更多的目标用户眼前，极大程度地提升软文的曝光率，提升软文的营销推广效果，达到企业的宣传推广目的。

第七步
及时评估软文营销效果，确保营销成果最大化

软文发布以后，是不是就算万事大吉了呢？不是的。我们还要及时地评估软文的营销效果，看看我们的软文推广究竟有没有用处。每个企业选择软文推广的目的，都是希望自己的产品或品牌能够被更多的人熟知，如果软文投放出去之后，不能取得预期的效果，则要思考究竟哪个环节出了问题，进而确保自己的软文推广效果的最大化。

高质量的软文才能获得良好的营销效果

想要软文推广取得最佳的效果，我们除了要保证选择最佳的推广平台之外，还要保证软文的质量。只有软文的质量过关，才能赢得用户的认可、评论与转发，取得最佳的宣传推广效果。

什么样的软文才是高质量的软文呢？有以下3个参考标准，如图7-1所示。

图7-1　高质量软文的参考标准

一、从软文内容层面看软文质量

一篇优质的软文自己是可以吸引用户的，这样的软文就可以被称为一篇成功的软文，将会为企业吸引到大量的潜在用户。一般来说，质量最上乘的软文往往能够在潜移默化中向读者传达出一种氛围、概念及思想。这种氛围、概念及思想能够紧紧地抓住消费者的心理，迎合消费者的需求，加深消费者对软文的印象，提升成交的可能性。

那些高质量的软文往往具备鲜明的主题，在布局谋篇之时始终围绕主题来展开，如金龙鱼的软文推广案例《健康不再是秘密》。

黄太太和李太太在一起聊天，黄太太神秘兮兮地对李太太说："你知道吗？世界营养组织公布说人体膳食脂肪酸的最佳构成比例是1:1:1，许多人的饮食搭配方式都不正确，营养结构达不到这个最佳标准。"谁知李太太乐呵呵地说："这个问题我早就已经解决了，健康早就不再是什么秘密。金龙鱼的第二代调和油就是按这种标准做出来的，我们家每天吃的就是这种健康油。"

该软文一开篇就围绕"健康"二字展开，让读者在不知不觉中就被软文的主题所吸引，对健康的食用油有了更多的好奇。接着，软文写作者笔锋一转，提出金龙鱼第二代调和油就是参照健康标准制作出来的，用户食用这种油就能更加放心。

对于优秀的软文撰写者来说，他们在撰写一篇软文之前，有着明确的思路，在这个明确思路的引导下，软文语言的组织就会是非常轻松、简单的事情，读者读起来也不会有违和感。

除此之外，我们还要注意，软文的布局谋篇应该为主题服务。在软文写作过程中，布局的重要性同样不容小觑。如果软文没有好的布局，就会给人一种没头没尾，杂乱无章、没有重点、没有逻辑的感觉。很显然，这样的软文就是非常失败的。

当然，想要写出一篇内容有料的软文，除了主题、布局，我们还要在软文的标题及关键词的植入上下功夫。只有我们充分做好了软文写作的各个方面，才能写出一篇能够吸引读者阅读，促使读者主动转发的软文。

二、从读者反馈来衡量软文

想要衡量一篇软文的好坏，其实有一个最直接的方法，那就是看读者的反馈。读者是软文质量的一面镜子，软文质量足够好，就能吸引到大量读者的阅读、评论、转发与分享；相反，软文的质量不够好，读者就很难买账，这样的软文也很难吸引到用户流量。

那么读者喜欢什么样的文章呢？

最首要的一点，就是要有好的文笔。文笔出色，行文流畅，读起来毫无生涩之感，这样的文章才可能会受到广大读者的认可与转载。相反，那些读起来枯燥乏味、不知所云的文章，谁还会花费工夫去阅读、评论、转发呢？

其次，要能传达出一定的思想。那些能够被绝大多数人认可的文章，必定是那些能够引起读者共鸣的文章。GALA 乐队《追梦赤子心》中有这样一段歌词。

向前跑
迎着冷眼和嘲笑
生命的广阔不历经磨难怎能感到
命运它无法让我们跪地求饶
就算鲜血洒满了怀抱
继续跑
带着赤子的骄傲
生命的闪耀不坚持到底怎能看到
与其苟延残喘不如纵情燃烧

为了心中的美好

不妥协直到变老

这段歌词却成为了《对不起，我只过 1% 的生活》软文撰写者奋斗历程的一段真实写照。这段歌词，充满热血，很能引起人们的情感共鸣。

而这也是发生在软文撰写者身上的真实的人和事。软文的撰写者陈安妮是一位 90 后创业女生，更是知名漫画形象“安妮”与“王小明”的原创作者。2014 年，陈安妮毕业于广东外语外贸大学，曾出版了畅销绘本《妮玛，这就是大学》。

上面的软文是在 2014 年年末的时候出现在各社交媒体上的。这则软文以漫画的形式出现在各大网络媒体上，讲述了作者这些年成长的经历，出身贫寒、妈妈心脏病、爸爸车祸骨折……自己在巨大的压力之下勇挑重担，用儿时的梦想画漫画，支撑起了整个家庭。作者的漫画不仅生动，而且富有情感，传达出了一种积极向上的正能量，很快就能戳中人们的痛点。在接下来的第二组、第三组漫画中，陈安妮又开始讲述自己追求理想的过程，遭遇了很多挫折，得到了太多的否定，但她抱着 1% 的希望，咬着牙坚持下来，成为一位出色的 90 后创业者。再然后，她萌生了一个想法，想要开发出一款漫画 APP，在找投资人的过程中，陈安妮遭遇了前所未有的打击与否定，但她仍坚持着自己 1% 的梦想，将自己的钱和合伙人的钱投了进去，去开发这款 APP。

这组漫画软文发布在快看漫画 APP 上线之前，当这组漫画软文在微博上获得了 45 万转载量的当天，快看漫画 APP 正式上线。当日下载量便超过了 30 万次，短短 3 个月内，下载量达到了 200 万次。

陈安妮的团队迎来了他们的春天，投资者的电话主动打到了陈安妮的手机上，快看漫画迅速获得了上亿元的首轮融资。

《对不起，我只过 1% 的生活》为什么会成功？原因说起来也很简单，就是因为这组漫画所传达出来的内容，引起了绝大多数人的共鸣，比如“还记得吗？你曾经有过一个梦，但那个梦，和我一样破碎过。”“这一刻，当它还有 1% 的光芒时，请马上，立即捡起它。”

如同闲话家常的话语，很能够打动人心，引起人们的共鸣，进而为其 APP 软件的后续下载做好了充足的铺垫。

这则软文就是读者反馈非常好的典型。随着微信、微博等社交工具的盛行，在这些平台上各种各样的鸡汤也开始层出不穷。当然，有人灌鸡汤，就有人爱看这些鸡汤。虽然一些公众账号所推送的鸡汤大多没有什么营养成分，但也不能否认，在这鸡汤里的确还是有一些吸引我们关注的部分。比如说，这类梦想类的鸡汤或那种爱情类的鸡汤，拥护者从来就不在少数。

能够调动起读者的阅读兴趣及转发、评论激情，你的软文就算是非常成功的软文了。

三、从搜索引擎的抓取情况来看软文质量

这一点很好理解，如果你的软文质量足够好，关键词植入也非常巧妙，被搜索引擎抓取的概率就大。我们在浏览网页的时候可以发现这样一点，凡是那些排名比较靠前的软文，基本都是那些关键词设置比较好，有一定阅读性的软文。

当然，如果软文发布以后，点击量、转发量都有了大量增加，企业的网站访问量也有所增加，用户转化为消费者的概率开始提升，这些方面也都说明了软文还算是成功的。

正确评估软文营销效果

和硬广相比，软文营销的效果是春风化雨、润物细无声的。所产生的影响力也比硬广更为绵远，这就让软文营销得到了很多企业的钟爱。不少企业为此在软文营销方面下了苦功夫。

但是，是不是所有的软文营销都能取得预期的效果呢？是不是企业将软文投放出去，就算万事大吉了呢？不是的。软文被投放出去以后，企业还要及时对软文营销的效果进行评估，及时做出反应。如果效果不好，就要及时改变策略，避免造成更坏的影响。

很多企业在最初的时候对软文营销抱着太大的期望，以为软文投放出去就算万事大吉，自己只要等着要效果就好。结果，因为没有及时地做出效果评估与实时跟进，软文营销的效果并不好。这也就导致了有些企业对软文营销开始失望，觉得软文营销是个鸡肋般的存在。

其实，对于大多数企业软文来说，软文推广效果都不是立竿见影的，所以，我们不能完全以企业销售额是否有增长来衡量软文推广是否有效果。

软文的主要作用不是直接促进企业产品的销量，而是对企业品牌与企业形象的塑造。当然，那些节庆促销、店庆活动型的软文例外。

从另一个方面上说，软文投放出去以后，如果质量过关的话，会长期在互联网上传播。如此一来，软文对企业品牌形象的塑造也将是长期持续的。不管什么时候，只要潜在的消费者发起搜索行为，就能通过搜索引擎找到你。

既然单纯拿销售额是否有增长来衡量软文的营销效果并不客观，那么，我们又该如何来正确评估一篇软文的营销推广效果呢？有以下两个标准。

一、正确评估软文营销效果的标准

1. 基本的指标

所谓基本的指标，就是可以量化的一个标准。通常情况下，我们可以利用如下的基本指标来衡量软文营销的基本效果，如表 7-1 所示。

表 7-1　基本指标

基本指标	明细
浏览数	一篇软文的浏览数越多，说明软文被关注度越高
顶踩量	一篇软文被顶或被踩的数量越多，说明软文越受关注

（续表）

基本指标	明细
评论数	依据评论数量来判断软文是否受欢迎
转载量	这里的转载量，既包括软文被直接转载的数量，也包括软文被转载到各网站后，各网站所附加的软文版权链接
收录率	查看软文投放以后，企业网站被收录的频率，以此来判断软文推广的效果
纯文本网址数量	简单说就是在搜索引擎中输入网站，然后看能够搜索出多少个页面。该数值最早是软文被转载后保留了版权页面链接的个数，后来则包括了文库、查询站点搜索以及查询网站权重的个数
直接输入网址的数量	通过软文的发布网站能够直接访问网站的数量，以及点击相关关键词进入网站的数量
有效访问量	在这些通过软文来访问网站的数量中，有多少达到了预期的推广目的，比如，是下载了相关软件，还是在线直接下单

2. 网站权重的提升度

企业进行软文营销的一个主要目的，就是想要提升企业的知名度或是企业网站的权重。所以，网站权重提升幅度的大小往往决定着软文营销的效果。

那么，什么是网站权重？简单来说就是搜索引擎给予网站（含网页）一定的权威值，对网站所进行的评估评价，一个网站的权重越高，在搜索引擎中被抓取的机会就越大，所占的分量也越重，在搜索引擎中排名也会越好。对于任何一家企业网站而言，提高网站的权重，都有利于网站在搜索引擎中排名及网站流量的提升。所以，网站权重的提升，在某种程度上说，所体现的就是软文投放以后，所展现出来的推广效果。

3. 网站被点击的数量

在投放软文的时候，企业一般会在软文中植入关键词链接。很多读者可能就会通过该链接点击进入网站，进而增加了网站的访问量。所以，我们说，网站点击量的增幅一般也能体现出软文投放之后的营销效果。

4. 软文点击排行

一些大的搜索引擎都会有一个搜索热榜，所收录的都是那些网友们比较关心、点击量比较高的文章。如果我们的软文被这些大型的搜索引擎收录了，就说明我们的软文营销效果还是不错的。如图 7-2 所示，不管是九阳双层保温电热水壶的广告软文，还是奥迪 SUV 的软文，都被百度热点成功抓取，这样的软文，就算是比较成功的。

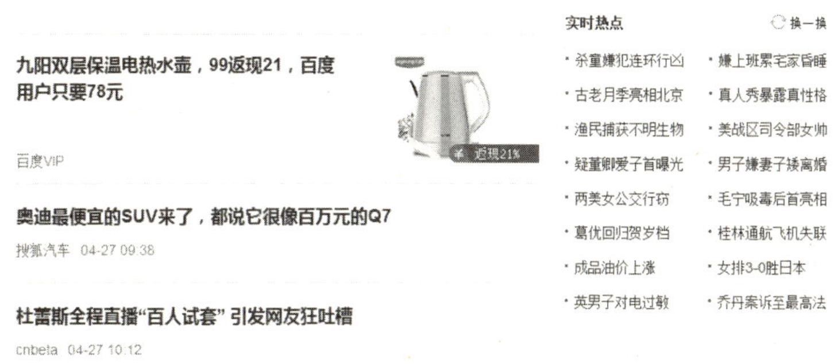

图 7-2　百度热点

5. 产品销量的提升

这个标准虽然不是最直接的标准，但是也能间接反映出软文投放一段时间之后的推广效果。销售增长加辐度较大，说明这段时间的软文推广效果不错；销量增幅较小，说明这段时间的软文推广效果一般。但是，如果短时期内，增幅没有变动，也不能说明企业的软文营销就没有效果。

清楚了正确评估软文营销效果的标准，我们接下来又该如何科学地对软文营销效果进行界定呢？遵循正确的评估流程即可。

二、正确评估软文营销效果的流程

严格说来，评估软文营销效果并没有明确的评估系统。但是，我们凭借多年的软文营销经验，总结出了人们评估软文营销效果时最常用的流程，如图 7-3 所示。

图 7-3　评估软文营销效果的流程

1. 明确软文营销的目标

优秀的软文推广者在软文的策划阶段，就会为软文确立一个明确的目标。目标确定以后，在评估之时，只要把预设目标与目标的达成情况做一个对比，即可看出营销推广的效果。

2. 统计目标的达成情况

明确的软文营销目标，为软文营销效果的评估提供了非常有益的参考。我们只需要根据我们之前设定的软文营销目标，来统计目标的达成情况即可。一般来说，我们在设定软文营销目标的时候，都会设定一些比较具体的二级目标，如点击量增长多少、评论数增长多少、转载量预期多少及被收录的频率等。将实际的营销成果与预定目标进行对照，我们就可以清楚地看出营销的效果。如果实际指标大于预定指标，则我们的软文营销效果还不错；反之，则说明需要继续加大营销推广力度。

3. 计算软文营销的成本

一般来说，企业为了达到最佳的软文营销效果，在进行软文投放之前大多都会做一个成本预算，以投入与回报的比例，来评估软文营销的效果。软文营销的成本主要包括以下 4 个方面，如图 7-4 所示。

（1）需要支付的软文稿酬

大多数时候，软文的撰写不是由企业的公关人员执笔的，而是找人代笔。如找专门的软文营销机构或资深软文写手来撰写软文，这就需要支出一笔稿酬。

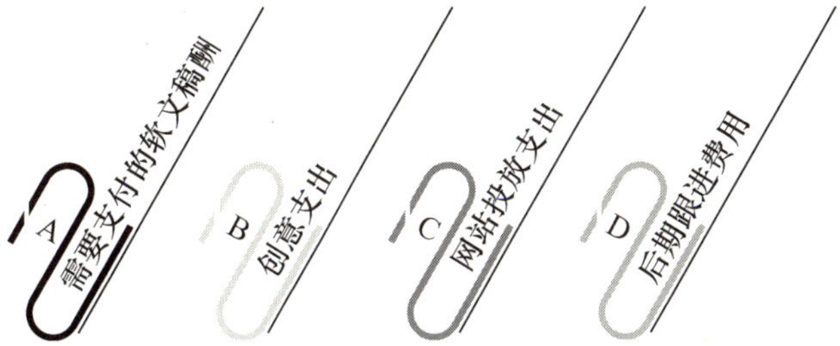

图 7-4　软文成本

（2）创意支出

这种情况多是发生在创意者与撰写者不是同一人前提下，这时候，就需要企业另外付出一笔创意支出。

（3）网站投放支出

软文撰写好之后，往往需要找一个合适的软文投放平台，而在一些知名度比较大的网络平台进行软文投放，多数情况下是需要收费的。这就需要我们预算出一笔网站投放的支出。

（4）后期跟进费用

就像我们在前面章节中强调的那样，软文不是投放出去以后，就可以坐等收获了，而是需要后期的进行跟进与维护。如安排专门人员，对软文进行跟帖、转帖及回复等操作，保证软文的曝光率。

只要投入与产出的比例符合我们的预期，这样的软文营销推广效果也还是不错的。

掌握软文营销的常用策略

知道了评估软文的基本标准，我们还需要掌握哪些技巧，才能保证自己的软文营销效果最佳呢？最常用的软文营销策略有以下 5 种，如图 7-5 所示。

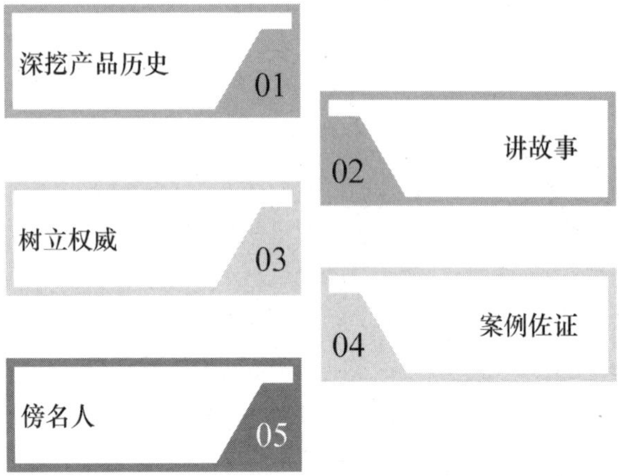

图 7-5 软文营销的策略

一、深挖产品历史

对于一些有文化内涵的东西，人们多数情况下还是比较喜欢看的。比如一些酒企就很喜欢通过挖掘历史来进行软文的宣传与推广。

用历史厚重的文化底蕴修饰企业的软文，往往能够取得意想不到的效果。正如大家所熟知的白酒企业牛栏山二锅头，在进行软文推广的时候，就曾提出了这样的宣传口号“百年牛栏山”，这个口号让更多的人有了这样的认知——正宗的二锅头，就是牛栏山。不仅牛栏山善于挖历史，五粮液也非常善于挖掘历史为产品镀金，宣传自己的白酒是百年老字号。

同二锅头与五粮液一样，酒中贵族茅台在对外宣传推广的时候，经常也会用到这样一句口号“川盐走贵州，秦商聚茅台”。在茅台酒的宣传文案中，还曾提到，茅台酒早在 2000 多年前就有了。

这些酒业品牌通过深挖历史为软文制造出了大量看点，而今，更是成为消费者津津乐道的热门企业。

二、讲故事

有趣的故事谁都爱看。如果企业的软文能够以故事的形式展现在读者面前，往往就能取得非常不错的效果。

因为善于讲故事而变得家喻户晓的品牌，非海尔莫属。谈起海尔，大家最熟悉的就是张瑞敏砸冰箱的故事。

1985 年，张瑞敏到青岛电冰箱总厂工作（如今的海尔集团）。有一天，他的一位朋友要买一台冰箱，结果挑选了很多台都有毛病，最后勉强拉走一台。

朋友走后，张瑞敏让人把库房里的 400 多台冰箱全部检查了一遍，这一检查，又检查出了 76 台存在瑕疵的冰箱。张瑞敏把工人们召集到车间，问大家这 76 台冰箱怎么处理。

多数人认为，冰箱虽然存在瑕疵但是不影响使用，便宜一点儿处理给员工就行了。当时，一台冰箱的价格为 800 多元，相当于一名职工工作两年的收入。张瑞敏听了员工的建议，语重心长地说："如果我允许把这 76 台冰箱卖掉，就等同于我允许你们明天再生产出 760 台这样不合格的冰箱。"于是，他宣布，这些不合格的冰箱要全部砸掉，谁制造的谁来砸，并且他亲自抡起大锤砸了第一锤。不少职工都是含着眼泪去砸冰箱的。砸完冰箱，张瑞敏告诉所有人——有缺陷的产品就是废品。

从那以后，海尔严把质量关，3 年之后，海尔获得了第一个冰箱行业的国家质量金奖。

张瑞敏这一砸，砸出了海尔冰箱的质量，更多的消费者在敬佩张瑞敏的勇气之时，也认可了海尔，海尔也真正扛起了中国制造的大旗，被越来越多的消费者信任与支持。

和海尔一样，茅台酒也因为善于制造故事打开了海外的销售市场。

1915 年的时候，巴拿马举办国际品酒会，很多国家都带着自己国家最著名的美酒前来参展。酒会上各种上乘的美酒让人目不暇接，当时中国的代表带着国酒茅台前来参展，但因为当时茅台酒的包装简陋，遭受了冷遇。西方那些评酒专家更是对中国的美酒不屑一顾。在酒会的最后一天，眼看着茅台酒评奖无望，中国代表心中很不服气，情急之下心生一计，他提着茅台酒走到展会最热闹的地方，装作失手打翻了茅台酒，顿时浓郁的酒香四溢，吸引了不少看客的盛赞。中国代表趁机请大家品尝，不一会儿茅台酒的美名便传遍了整个会场。茅台酒的香气同样吸引了评委的注意，他们对中国名酒重新估量，刮目相看，中国代表最终捧着名酒的奖牌凯旋。

茅台酒国际酒会一摔成名的故事，被很多人津津乐道，而茅台酒也真正成为中国酒业的泰斗。

三、树立权威

如果我们曾经留意过一些读者的阅读习惯，就会发现，当软文中出现一些具有权威性的文字时，读者往往更喜欢读。比如，提起一些数据来源，读者更愿意相信国家统计局；提起一些怪异现象，读者更容易相信风水八卦；提起姻缘，很多人相信星座；提起命运，很多人相信面相……针对国内这一现象，我们就能很好地构思我们的软文，迎合读者相信权威的心理需求。

如脑白金发布的系列软文之一《什么是脑白金体》。

人脑占人体重量不足3%，却消耗人体40%的养分，其消耗的能量可使60瓦电灯泡连续不断地发光，大脑是人体的司令部，大脑最中央的脑白金体是司令部里的总司令，它分泌的物质为脑白金。通过分泌脑白金的多少主宰着人体的衰老程度。随年龄的增长，分泌量日益下降，于是衰老加深。30岁时脑白金的分泌量快速下降，人体开始老化，45岁时分泌量以更快的速度下降，于是更年期来临60～70岁时脑白金体已被钙化成了脑沙，于是就老态龙钟了。

如果想尝尝年轻时的感觉，脑白金的确能让人过把瘾。

美国三大畅销书之一的科学专著《脑白金的奇迹》根据实验证明：成年人每天补充脑白金，可使妇女拥有年轻时的外表，皮肤细嫩而且有光泽，消除皱纹和色斑；可使老人充满活力，免疫力T细胞数量达18岁时的水平，使肠道的微生态达到年轻时平衡状态，从而增加每天摄入的营养，减少毒素的侵入人体。

美国《新闻周刊》断言“补充脑白金，可享受婴儿的睡眠”。于是让许多人产生了误解，以为脑白金主要用于帮助睡眠。其实脑白金不能直接帮助睡眠。夜晚补充脑白金，约半小时后，人体各系统就进入维修状态，修复白天损坏的细胞，将白天加深一步的衰老“拉”回来。这个过程必须在睡眠状态下进行，于是中枢神经接到人体各系统要求睡眠的“呼吁”，从而进入深睡眠。

脑白金可能是人类保健史上最神奇的东西，它见效快，补充1～2天，均会感到睡得沉、精神好、肠胃舒畅，但又必须长期使用，补充几十年还要每天补充。

在上述软文中，脑白金的宣传软文就引入了很多权威佐证，比如美国畅销书《脑白金的奇迹》、美国《新闻周刊》等。这些权威媒体的数据佐证，都很好地为该软文接下来的展开做了充足的铺垫。

四、案例佐证

企业的软文怎么样才能让大家更为信服？加上真实的案例会让人感觉更有说服力。如迪拜帆船酒店的软文广告就非常成功。2007以后，迪拜酒店到中国拓展市场，没有花费一分钱的广告费，却取得了非常惊人的推广效果。它所做的只是在中国几家知名的平面媒体上投放了几则软文。

《长江商报》2007年8月20日的报道《全球唯一七星级酒店：24吨黄金装饰》，《北京商报》2010年8月9日的报道《迪拜七星级酒店六成中国客，消费能力让人吃惊》，这两篇文章的核心内容被新华网、人民网、搜狐及腾讯等各大门户网站争向转载，被其他平面媒体报道引用。结果帆船酒店成了中国国内富商云集、明星争相到访的景点之一及入住的首选。据统计，帆船酒店的客人至少超过10%来自中国！

该软文的成功之处，就是利用了真实数据，进行了案例佐证，让人产生了一种也想要亲自去尝试一下的想法。因为善于利用案例佐证，迪拜的帆船酒店在中国没有花费一分钱的推广费用，便取得了意想不到的宣传推广效果。

五、傍名人

在软文推广领域，如果企业能够善于利用名人效应，所取得的效果也是相当可观的。比如，在 2016 年春晚的时候，百事可乐就曾在微信朋友圈推广了这一则有声软文——《百事“猴年戏”》，如图 7-6 所示。

在该宣传推广中，百事精心策划了猴王世家感人的故事，用小视频配合文案，打破了以往惯用的平铺直叙的手法，引发了大量媒体的转发，实现了历年来最佳的宣传推广效果。

为了拍好这个小视频，百事“猴年戏”请来了孙悟空的扮演者著名的六小龄童拍摄这段视频，在拍摄视频的过程中，融入了一些能够触动一代人的屏幕旁白“苦练七十二变，方能笑对八十一难”“把快乐一代一代传递下去，是为了让更多人把乐带回家”等。

图 7-6　百事可乐软文配图

据不完全统计，该广告在朋友圈曾曝光 1.03 亿次，小视频的播放次数达到了 2 亿多次。

百事几乎在每一年都会策划一则广告，但是，像这次这么好的效果的，却还是头一遭。

百事这则有声软文推广之所以能够取得不错的效果，最主要的原因有两点：第一，在猴年即将来临之际，他们邀请了猴年人气最高的明星——六小龄童；第二，这则小视频拍摄得深入人心，很能唤起人们的共鸣，打出了情感牌。虽然最后的硬性广告植入有些生硬，但不可否认的是，与百事之前的广告相比，这则有声软文的推广无疑是最成功的。

当然，除了上述这 5 种方式，能够提升软文营销效果的方法还有很多，如借势、用数字、拆台、曝内幕、比对手及反着来等。根据软文的内容及这些营销的方式，策划推广软文，往往都能取得不错的效果。

及时改进与提升软文营销策略

阅读的软文多了，我们就不难发现这样一个问题，有些软文读起来让人回味无穷，而有些软文则淡如白水。企业进行软文营销，如果投放出去的软文让人感觉淡若白水，那很显然，推广效果就不会太好。如何避免这种情况的发生呢？这就要求我们在发布软文的时候，讲究一定的营销策略。

一般来说，企业所处的发展阶段不同，所采取的软文营销的策略也不同。根据我们的软文营销经验分析，可以进行以下的营销策略划分。

一、根据企业不同发展阶段，采取不同营销方式

1. 初创期的企业

这类企业在进行软文营销时，应该以量为主，尽可能地增加自身品牌的曝光率。发展到一定阶段之后，再以质为主，以创造品牌为目的。另外，也不能忽略产品销售这个核心，在投放软文的过程中，应偏重那些销售型的软文，围绕产品特色优先展开策划与投放。

2. 成长期的企业

这个时期的企业，需要极大的曝光率，应该以数量与质量并重，从而成功塑造出企业的品牌形象。

3. 成熟期的企业

企业发展到这一阶段，应该注重选出推广产品的质量，以达到深入推广品牌、塑造企业形象的目的。

二、根据企业底蕴的不同，采取不同的营销方式

当然，企业根据自身底蕴的不同，在进行软文营销推广的时候，也可以采取不同的策略。例如，那些硬件比较强的企业，在进行软文推广的时候，就可以充分展示出自己的优势。

如果企业并没有特别明显的优势，那这个时候怎么办呢？这时候，懂得一些软文技巧的优越性就显示出来了。我们可以挖历史、讲故事为我们的产品注入文化内涵，通过塑造出全新的品牌形象，来赢得市场。

除了根据这样的划分方式来采取不同的营销策略，我们还可以采取以下4个具体的营销策略，如图7-7所示。

三、企业在进行软文营销时所采用的4个具体策略（图7-7）

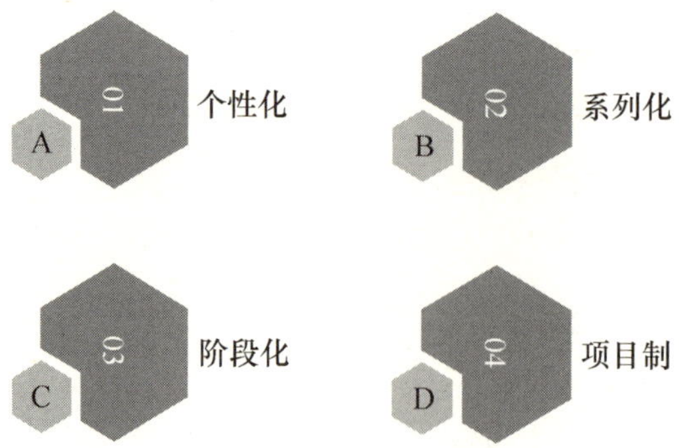

图7-7　软文营销4个策略

1. 个性化

在这个营销泛滥的时代，各式各样的软文就如同雪花一样漫天飞。如果

你的软文不能写出自己的特色而流于庸俗，那么，显然你的软文就很难被更多的读者注意。

所以，个性化很重要。不管是企业还是软文撰写者，在策划软文之前，都应该注意，一定要策划出自己的特色。聚美优品的软文广告就很出彩。

你只闻到我的香水，却没看到我的汗水，
你有你的规则，我有我的选择，
你否定我的现在，我决定我的将来，
你嘲笑我一无所有，不配去爱，我可怜你总是等待，
你可以轻视我们的年轻，我们会证明这是谁的时代，
梦想是注定孤独的旅行，路上少不了质疑和嘲笑，
但那又怎样，哪怕遍体鳞伤，也要活得漂亮。
我是陈欧，我为自己代言。

当年这则广告一出现在荧屏上就给人们留下了深刻的印象。一是这则广告说出了大多数正处于事业打拼期的年轻人的心声；二是观众被陈欧的那种执着感动。

在众多的电商平台中，聚美优品凭借着这段煽情的文字，迅速被广大的观众记住，甚至还有人仿照这段软文创出了“陈欧体”。

2. 系列化

企业在进行软文营销的时候，为了打造企业的品牌知名度，往往会策划一系列的软文，来为企业品牌或产品上市做好铺垫。

系列软文，在最初的软文中往往看不出软文的痕迹，而是会有一个循序渐进、引导人们逐步深入的过程。如著名的微波炉品牌格兰仕就曾利用这个方法展开过软文营销。

格兰仕刚刚成立的时候，没有足够的资金支撑它去大范围地打广告。在

国内对微波炉了解还比较少的情况下，格兰仕决定在全国范围内来一场声势浩大的“微波炉”启蒙运动，以此来教育和引导消费者正确使用微波炉。为此，格兰仕专门招来了一批人负责撰写软文，撰写出了《微波炉做菜 1000 法》，然后投放到了全国几十家地方的小报上。后来，全国很多家媒体都开始对这些文章疯狂转载，格兰仕的销量开始稳步上升。

与此同时，格兰仕还联合 150 多家报纸，以栏目合作的方式开辟了专栏，介绍微波炉的用法、使用微波炉的好处及如何保养等问题。随着格兰仕的一系列的软文铺天盖地投放到市场上，格兰仕彻底“火”了。

3. 阶段化

这个方法，我们在前面已经有所提及，就是根据企业的不同发展阶段，采取不同的营销策略。这个方法需要我们在软文策划阶段，就设定好软文的策划周期，以此来保证软文推广的内容与企业发展的阶段相吻合。

说到这里，我们不妨来看一看 2016 年的一部热播剧《欢乐颂》。

这是一部观众公认的良心剧，不论是从故事情节的设定，还是从细节上呼应上，《欢乐颂》都成为最受网友追捧的电视剧。

在《欢乐颂》未曾正式开播之前，剧组其实已经为《欢乐颂》的上映埋下了许多伏笔。比如，剧集中有一个镜头是赵启平将名片递给曲筱绡，然后有好奇的观众根据名片上的号码去查微信号，居然真查到了赵启平这个人。剧中还有一个情节是曲筱绡污蔑安迪是“小三”，有网友在天涯上论坛上搜索，竟真有一个一模一样的帖子在半年前就发布在了天涯论坛。

这部剧从一开始的制作，到每个细节的真实呼应，每一个阶段都环环相扣，很好地为电视剧的宣传服务。

4. 项目制

这一点很好理解，就是将软文策划当成一个项目去做，一定要向每一篇软文要成果，预期的效果要达到预算的几倍，才算达成目标。从这个点出发去创造软文，能够保证软文的内容能够更好地为软文的营销目标服务。

第八步
规避软文营销过程中易犯的6个错误

对于任何一家企业来说，都希望自己的软文营销能快速出效果，但是软文营销与硬广不同，软文营销所带来的影响是潜移默化的，而非是立竿见影的。这就要求企业在进行软文营销的过程中，一定要讲究一定的方法技巧，有足够的耐心，循序渐进地去进行软文营销的工作，从而避免犯一些错误，减少走弯路。

软文营销过程中眉毛胡子一把抓

凭借着在互联网上进行软文营销，雕爷牛腩一面世就受到了广大小资层的热情追捧。凭借着出色的软文营销，不少90后创业者吸引来了风投者的瞩目与青睐。

因为软文营销所带来的效果往往是超乎人们想象的，越来越多的企业开始向软文营销领域进军。然而，很多刚刚接触软文营销的企业，在进行软文营销的时候，往往操之过急。总以为只要自己的软文数量跟得上，就一定能够出效果。

很多企业在初次进行软文营销的时候，眉毛胡子一把抓，抓不住营销的重点，可想而知软文营销的结果非常糟糕。

例如，某猪肉厂家就曾委托一家公司进行软文营销。为了快速打出名气，该公司为其撰写了大量的软文，一时间，各个门户网站、论坛内的软文铺天盖地而来。但是，结果如何呢？

我们来看一看其中一则软文，就清楚了。

猪成名也有烦恼？

每个人都有自己的烦恼。当自己是普通人时，有普通人的烦恼，比如没房、没车、没女朋友、被别人瞧不起等等。等到自己成名后，同样有成名后的烦恼，比如如何让自己更有名、如何让自己赚得更多、如何面对一些媒体或者个人的各种诽谤与攻击。

人在不同的时期有不同的烦恼，普通人不好做，名人同样难做，当然“名猪”也不例外。

作为生活条件不知道要比普通猪好多少倍的酸奶猪，自从走进人们的视线，就一直话题不断。

大家都知道，酸奶猪是喝酸奶长的，这样好的生活条件很多人都自愧不如，可酸奶猪为什么还会有烦恼呢？

原来很多人都质疑这头“名猪”，为什么要喝酸奶呢？

相关专家介绍说，为了保证猪肉的安全，才让猪喝酸奶的。

据了解，酸奶猪喝完酸奶后，可以调节胃肠道微环境，阻止有害病菌侵入，增强机体免疫。这样一来，生猪就不用再打针吃药，所以猪肉无任何药物残留。

此外，酸奶猪还吃一些经过严格筛选的纯绿色食品，这些食品中无瘦肉精、抗生素。在饮食和疾病方面对酸奶猪的控制，保证了酸奶猪肉的安全性。

也有人质疑说，酸奶猪喝酸奶只是噱头，酸奶猪喝的酸奶根本就不是人喝的酸奶……（摘自2012年8月17日《中国商报》）

读完这则软文，你的感受是怎么样的呢？标题与内文不能呼应，软文内容不能自圆其说，观点牵强，全文没有数据的佐证。这样的软文虽然看起来非常有新意，但是，读者读起来往往不知所云，很难取得预期的软文推广效果。

如果软文不能取得预期的宣传推广效果，那么企业在软文营销方面所做的投入，也就打了水漂，没有任何意义。

如果企业在进行软文推广的时候，大部分软文都是这样主题不够鲜明、眉毛胡子一把抓的文章，那么，企业想要通过软文推广来扩大产品知名度及塑造自身品牌的愿望，就只能落空了。

想要软文取得最佳的宣传推广效果，企业在进行软文营销之前，就应该有所侧重。如果是一篇产品推广类的软文，要清楚：自己产品的优势在哪里？用户凭什么要选择你的产品？凸显产品优势就是这篇推广软文的重点。如果是要塑造企业的品牌，你就要学会深挖企业的底蕴与文化内涵，让更多的人了解你的品牌具有什么竞争优势。

撰写软文之前，就做到对软文的目标成竹在胸，这样才能做到精妙布局、步步推进，最终取得最佳的软文推广效果。

说到这里，我们就不得不说意大利一家市场的推销手段。意大利的莱尔市场曾经采取过“一件货”的营销手段，最终为自己招来了大量的人气。

对于那些喜欢猎新的买家而言，最吸引他的无非就是“新”，如何在“新”上大做文章呢？意大利的莱尔市场有新招——一件货。

莱尔市场专售新产品，而有的产品非常畅销，许多顾客都会去抢着购买。而那些没有抢到的顾客，往往会要求市场再次进货，可是往往会得到市场这样的答复：很抱歉，本市场只销售首批，卖完为止，不再进货。

没有买到货的顾客对此很是费解，不免向旁人抱怨。但是在顾客的抱怨声中，来这家市场的人反而越来越多了。而且，更重要的是，来到这里的顾客，只要看到中意的商品就会立刻去买，绝不迟疑。

莱尔市场因为这个“一件货”的绝妙创意，给顾客留下了深刻的印象——这里销售的商品都是最新的，要想买到最新的商品，就来光顾莱尔市场。

“一件货”的推销手段很有新意，侧重点是莱尔市场是卖首批商品，过期不候。这样一来，顾客就对这家特别的市场印象深刻。在不知不觉中，莱尔市场就在广大的顾客中间打响了自己的品牌。

写软文，其实跟做事一样，只有分清楚了轻重缓解，才能提高办事的效率。相反，不仅事情不能获得圆满的解决，还会给自己造成不必要的困扰和麻烦。

希望收到立竿见影的软文营销成果

一些企业在进行软文营销的时候，经常会有这样的心态：“投了软文以后，马上就要看到效果。”有些企业甚至在找人撰写软文之前，就会问到这个问题“多久才能出效果？”

企业进行软文投放，都想要快速见到效果，这是人之常情。但是，诚如我们在前面章节所说的那样，软文营销并不像硬广一样，在媒体中一通狂轰滥炸，很快就能提升产品的销量。相反，软文营销讲究一个慢功夫，需要我们有更多的耐心去设计好每一篇软文，有更多的耐心策划软文营销的每个阶段。只有用心，软文才能真正给我们带来想要的营销效果。

说到这里，我们就不得不提软文营销的老手小米公司。

小米公司从一个新兴的手机企业到在手机市场上举足轻重的国产手机大亨，它的营销手段非常值得我们借鉴。在互联网行业，很多名家在说起小米公司的异军突起时，都会谈及到小米公司的营销手段。小米手机为什么能够受到这么多人的欢迎？这就得益于它的营销策略非常得当。

下面，我们就简单来分析一下小米手机的营销策略。

一、对网络消费者进行分析与定位

1．年龄：10～30岁，经常会购物的手机发烧友。

2．收入：月收入在 2000 元以上，喜欢网购（小米由此采取了网购模式）。

3．消费习惯：乐意接受新鲜的事物，价值观念比较强。

4．苹果情结：很多人想要苹果却买不起，小米则在营销策略上模仿苹果。

二、产品优势分析

1．技术优势

世界上首款双核 1.5GHz 的智能手机，采用高通 MSM826 1.5GHz 双核处理器，双系统切换，自主研发 Android，MIUI 操作系统，优化改进功能近 100 处。定价 1999 元，高端产品，低价位销售。

2．渠道优势分析

利用小米科技旗下的电商网及小米网进行网上售卖，物流与库存则交给凡客。与运营商联通合作，有预存话费送手机及购手机送话费活动。

3．营销手段分析

高调发布极似苹果的手机发布会，工程机先上市，并且采用秒杀的形式出售。善于制造话题，让大家兴致勃勃。消息半真半假，遮遮掩掩，更能引起人的好奇心。

三、饥饿营销分析

小米手机是如何一步步利用饥饿营销，吊足了用户的胃口的呢？

1．2011 年 8 月 16 日，小米手机发布。

2．2011 年 8 月 29 日～8 月 31 日 3 天，预售小米工程机纪念版，每天 限量 600 台。

3．2011 年 9 月 5 日，小米手机正式开放网络预订，两天内预订数量超 30 万台，然而，就在小米手机供不应求之时，小米网站却宣布停止预定并关闭了购买通道，让消费者无处可买（封闭购买通道长达 45 天之久）。

4．2011 年 10 月 11 日公布零售版公告“小米手机将于 10 月 20 日面向预订用户发售，20 日之后的第一周每天 1000 台，第二周每天 2000 台，第三周每天 3000 台，后续发货计划稍后公布。30 万台预订用户发货完毕后，将面向所有用户进行发售。”

5. 2012 年 1 月 4 日消息，小米手机于今日 13 点开始第二轮开放购买。然而，还没有到发售时刻，小米手机官网便险些出现瘫痪情况。

在有意压低产量、推迟上市时间之后，手机市场上出现了小米供不应求的“假象”，一时之间，小米手机一机难求。而越是难以得到，消费者就越是想要得到，这就造成了轰动一时的小米现象。

小米的成功，一方面是因为雷军对苹果与乔布斯的学习非常到位，一方面则是因为小米团队周密的精心策划。

小米的软文推广有这样一些值得称道的地方。

首先，采用揭秘式的饥饿营销。从 2010 年 6 月底，小米内部和供应商开始陆续爆料，到 8 月 16 日其产品信息正式公布，小米手机的神秘面纱被层层揭开，引起了人们的大量猜想，并且迅速成为了手机发烧友的热门话题，如图 8-1 所示。

图 8-1　小米软文

其次，雷军将姿态放得很低，一直强调其偶像乔布斯是“神”一样的存在，是不可超越的。但与此同时，雷军又在极力地将苹果当成是自己的标杆，不论是从干活的团队、几乎和苹果一样的供应商、简洁演讲风格的 PPT，甚至是雷军在小米手机发布会上的穿着，都会让人不由自主地拿小米与苹果做比较。

最后，雷军充分发挥自身的影响力。在小米手机发布前后的那段时间里，利用自己的微博开始大量宣传小米手机。期间，还参与了新浪微访谈、腾讯微论坛及极客公园等活动。而雷军强大的朋友圈也纷纷力挺小米，凡客 CEO 陈年、多玩 CEO 李学凌及优视科技 CEO 俞永福等纷纷强势登场，为小米手机站台。

小米手机发布会当天，小米的公关团队还把一段“来自雷军 CEO 朋友们的祝福”的视频在现场进行了播放，视频中，包括多玩网 CEO 李学凌在内的几位知名人士纷纷将 iPhone 4 扔进垃圾桶，以示支持小米的决心。

不仅如此，小米还在 MIUI 论坛上设立了专门的客服人员，回复用户的各种问题，听取用户的建议，与用户积极互动。最终，步步心机的小米，终于实现了步步为“赢”，在国产手机市场中占据了一席之地。

小米的成功，与小米公关团队精心策划，沉下心来做推广有着很大的关系。

在成功学上，我们经常会这样讲，“罗马不是一天建成的”。在软文推广领域也是如此，不是你投下一篇软文之后，就立竿见影能够出效果的。很多时候，需要我们沉得住气，安得下心，循序渐进地实现自己的软文推广计划。在这个过程中，不断地发现和调整策略中的不足，这才可能成为软文营销最后的赢家。

违背常理，过度夸张产品效果

有些企业在进行软文营销的时候，经常会有这样的疑问：“我的企业实在是没有什么宣传点可以写，我能不能编造一些东西呢？”

说实话，软文策划虽然也存在一些杜撰的成分，但我们并不提倡大家在撰写软文的过程中加入太多虚假的成分。原因大家都明白，消费者的眼睛都是雪亮的，你在软文中再怎么将自己产品吹嘘得天花乱坠，也掩饰不住产品不足的缺陷。

软文可以进行精心的策划，在撰写故事情节的时候也允许适当杜撰，对于产品的卖点可以适当夸张，缺点可以适当缩小。但是，我们需要谨记一个原则：绝对不能不切实际地夸大其词，更不能违背常理，过度夸张产品效果。

比如，我们在逛淘宝的时候，经常可以看到这样的小广告“头层牛皮”“小羊皮”及“海外直邮”等，这些产品真的如同他们广告中说得那么好吗？谁用谁知道。

再比如，有些服装店家，明明卖得是款式老旧的地摊货，但是却挂起了“原单尾货”的招牌；有的奶粉企业，明明卖得是劣质奶粉，却偏偏要宣称是欧洲进口……

作为企业来说，牛皮吹出去了，如果产品与宣传不符，那砸的就是自己的招牌。一个谎言往往需要无数个谎言去圆，一旦不能自圆其说，企业也就走到了倒闭的边缘。如曾经轰动一时的三鹿毒奶粉事件，如图 8-2 所示。

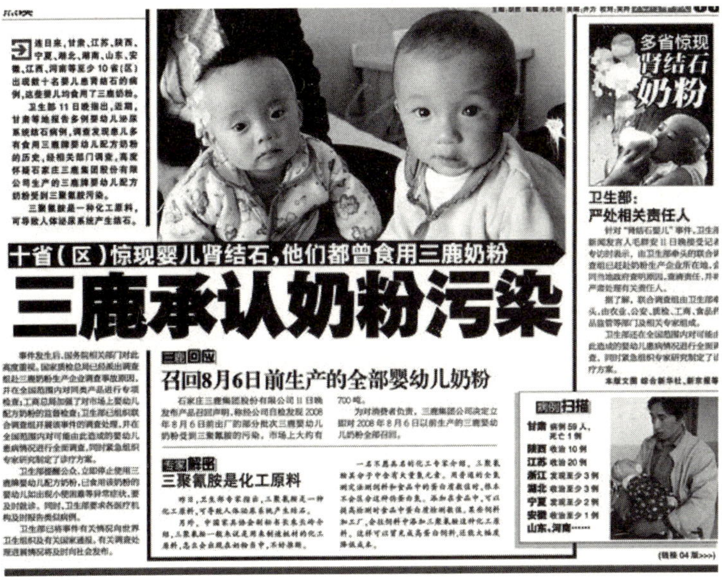

连日来，甘肃、江苏、陕西、宁夏、湖北、湖南、山东、安徽、江西、河南等至少 10 省（区）出现数十名婴儿患肾结石的病例，这些婴儿均食用了三鹿奶粉。

卫生部 11 日晚指出，近期，甘肃等地报告多例婴幼儿泌尿系统结石病例，调查发现患儿多有食用三鹿牌婴幼儿配方奶粉的历史，经相关部门调查，高度怀疑石家庄三鹿集团股份有限公司生产的三鹿牌婴幼儿配方奶粉受到三聚氰胺污染。

三聚氰胺是一种化工原料，可导致人体泌尿系统产生结石。

十省（区）惊现婴儿肾结石，他们都曾食用三鹿奶粉

三鹿承认奶粉污染

召回8月6日前生产的全部婴幼儿奶粉

三聚氰胺是化工原料

多省惊现肾结石奶粉

卫生部：严处相关责任人

扫描

甘肃 病例 59 人，死亡 1 例
陕西 收治 10 例
江苏 收治 20 例
浙江 发现至少 3 例
湖北 收治至少 3 例
宁夏 发现至少 2 例
安徽 收治至少 1 例
山东、河南……

图 8-2　三鹿毒奶粉事件

其实，早在 2004 年阜阳爆出劣质奶粉事件中，三鹿奶粉就在其列。但是随后三鹿却通过公关，以“疾控中心工作人员操作失误”为名，将三鹿撤出

了“黑名单”，三鹿被允许在全国各地正常销售。

在随后的系列宣传中，三鹿宣称，河北省质量技术监督检验院对蛋白质、亚硝酸盐以及抗生素残留等营养指标、理化指标及安全指标等进行检测，结果全都合格。该检验结果还在中国中央电视台新闻频道的《每周质量报告》节目专访播出。

然而，真实的情况是怎么样的呢？据“三鹿内部邮件”显示，“2008 年 3 月以来，三鹿集团先后接到消费者反映：婴幼儿食用三鹿婴幼儿奶粉后，出现尿液变色或尿液中有颗粒现象”。后在法院审判中，三鹿公司的管理人员则称公司最早接收到投诉的时候是在 2007 年年底。

面对愈演愈烈的问题，三鹿公司不是积极去解决问题，而是通过各种公关以及暗箱操作来掩盖问题。

结果，纸终究包不住火。很多食用过三鹿奶粉的婴幼儿被发现患有肾结石，随后在其所食用的奶粉中被检测出了化工原料三聚氰胺。该事件造成多名患儿住院，多名患儿死亡，在国内引起了极为恶劣的影响。而三鹿也在这次三聚氰胺事件中黯然下场。

作为曾经的奶粉巨头，三鹿倒下了，这个血淋淋的教训是值得所有企业警醒的。经营企业，不应该仅仅只是盯着利益，更应该摸着良心。企业进行软文营销，可以利用一些数据，可以利用名人权威佐证。但这一切都必须有一个前提，那就是一定不能夸大其词，不能有损社会道德。

其实，只要我们留心就会发现，那些真正能够做大做强的企业，往往是一些良心企业。它们的产品名副其实，它们的企业文化是真正能够让人信服的。

比如说海尔，海尔之所以能够远销海内外，与海尔对质量要求的精益求精有着很大的关系。海尔的企业文化中，对质量有着一种近乎苛刻的要求。海尔对质量的苛求，让它有更多的底气和资本去进行软文的营销与推广。而海尔质量过硬的形象也深深印刻在了消费者的脑海里，这些都为海尔知名度的提升及产品的热卖做了充足的铺垫。

多渠道、高频率开展营销就一定能成功

有些企业在利用软文进行营销推广的过程中，往往存在这样的错误认知，广撒网，才可能多捞鱼。

于是，铺天盖地进行软文投放，各个软文投放平台都成为企业不会放过的选项。然而，这样多渠道、高频率的投放，真的就有效果吗？

说到这里，我想起了一个知名的香烟品牌——万宝路，如图 8-3 所示。

如今的万宝路虽然世界闻名，但它的成功之路也并非是一条坦途。在它的营销推广过程中，也曾经历过低迷与失败。

20 世纪 20 年代，美国的年轻人被称为“迷茫的一代”。在经历过第一次世界大战的冲击之后，很多青年都感觉受到了战争的伤害。他们坚持认为唯有爵士音乐与香烟的刺激才有可能将这种伤害减淡。而那些时髦的美国女郎们更是推崇及时行乐，她们注重穿着与打扮，过得醉生梦死。社会风气中充满了颓废的因子，这就使得女烟民的数量开始急剧增加。

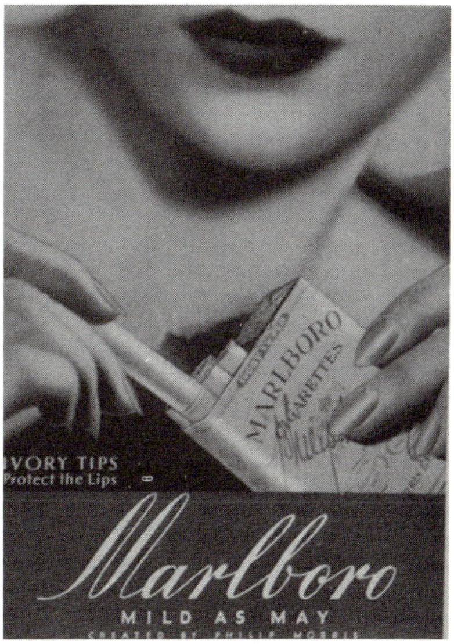

图 8-3　万宝路

就是在这种时代背景下，菲莫公司将万宝路定位为了女士香烟，开始展开了营销推广。

为了成为女士香烟中的大赢家，菲莫公司做了很多准备工作：首先，迎合女烟民身上的脂粉气，将广告语设定为“温和如五月”，以此来赢得女烟民对万宝路的好感；其次，为了保证白色的烟嘴不被女烟民的唇膏染红，特意将烟嘴染成了红色，以期女烟民会为这种细微的关怀所感动，进而打开销路。最后，将万宝路的名字“Marlboro”拆解为“Men always remember ladies because of romance only（因为有浪漫，所以男人总是忘不了女人）”，试图让万宝路香烟成为女烟民的红颜知己。

然而，事情却并没有朝着菲莫公司预期的方向发展，一直到20世纪50年代，万宝路虽然凭借着女士香烟的定位凸显了个性，但却始终默默无闻。而且，这种对某一类消费者偏爱的设定还为它未来的发展设置了障碍，导致了它的消费者范围有限。在很长一段时间内，万宝路都无法打开市场，而这实则已经宣告了万宝路香烟在女性目标市场上的失利。

万宝路在最初进行目标人群设定与软文推广的时候，推广的幅度不可谓不大，推广的频率不可谓不高。在1920～1950年的几十年间，女士手持万宝路香烟的广告牌遍布了美国的大街小巷。

但是，就像我们在例子中所提到的那样，因为在定位上出现了偏差，万宝路香烟一直未能在美国打开市场。即便它在产品上下足了功夫，也展开了大量的宣传推广，但是，最终的结果却依旧不能尽如人意。

幸运的是，后来万宝路及时调整了战略，委托李奥•贝纳广告公司为万宝路公司进行了专业的策划。李奥•贝纳给万宝路提出了非常中肯的意见，建议万宝路树立一个男子汉的形象。为此，万宝路在形象代言人的选择上，先后启用过登山者、马车夫、潜水员甚至是伐木工人，但是最终，他们将目光聚焦到了西部牛仔身上。而这些西部牛仔也成为万宝路最理想的代言人。

相信看过万宝路西部牛仔广告的人，都会对那幅画面印象深刻：高高挽起的袖管，露出多毛的手臂，指间夹着一支万宝路香烟，烟雾缭绕，胯下一匹威猛的高头大马，纵情驰骋在美国西部的大草原上。这则广告一经问世，便引起了强烈的社会反响，万宝路也由此获得了巨大的成功。

万宝路在进行市场营销推广过程中遭遇的“冰火两重天”所带给我们的教训是值得深刻思考的。如果企业在进行软文推广过程中，目标定位不准确，那么推广力度再大、推广频率再高也是很难取得预期的效果。相反，只有目标定位精准，所有的推广与投入才能恰到好处地为软文营销的目标服务，最终取得最佳的宣传推广效果。

不正当竞争，损害竞争对手利益

不能否认，很多企业进行软文推广的目的，就是想要通过软文推广的力量来扩大自己的知名度。但我们也不能否认，有些企业发展壮大的过程中，在遭遇了竞争对手的挑战时，往往也会走入这样的误区，即利用软文，恶意诽谤和诋毁竞争对手，或是假借竞争对手的知名度宣传自己的产品，以期自己能够在竞争中上位。

这些行为实际上都属于不正当竞争的范畴，《中华人民共和国反不正当竞争法》第 2 条第 2 款规定：不正当竞争是指经营者违反该法法规，损害其他经营者的合法权益，扰乱社会经济秩序的行为。

不正当竞争的表现形式有很多，在软文营销领域，主要有以下两种形式。

1. 编造或散播有损于竞争者的产品信誉或商业信誉的不实言论，进而损害了竞争者的形象及利益。

2. 侵犯了其他企业的商业秘密，或通过不正当的手段获取了对方的商业秘密，在软文营销过程中，对这些商业机密进行了使用和泄露，形成侵权，给对方造成了损失。如曾经轰动一时的哈尔滨圣士丹瓶酒有限公司侵权哈尔滨啤酒有限公司事件。

哈尔滨公司成立于1900年，是我国比较早的啤酒生产企业之一，哈尔滨啤酒是公司的主要品牌。在经过近一百年的发展之后，该公司组建了以哈尔滨啤酒品牌为首的哈啤集团。哈啤集团是东北地区最大的啤酒生产企业，其年产量达到150万吨。在进行市场宣传的过程中，哈尔滨公司曾投入了1亿多元在多个媒体上来宣传哈尔滨啤酒品牌，在广告中更是不断以“哈啤”二字来简称哈尔滨啤酒这个品牌。这使得哈尔滨啤酒品牌的知名度日渐提高，哈啤也变得家喻户晓，销售区域遍及二十多个省，并远销欧、亚二十多个国家与地区。

哈尔滨啤酒品牌渐渐被广大的消费者所熟知，在2002年，哈尔滨啤酒单个品牌的产销量排到全国同行业第三的位置。

圣士丹公司则成立于2000年5月，从2002年开始，圣士丹公司在其所生产的多款啤酒包装上分两排印刷4个文字。一种是“哈啤”二字在上，“金酒”二字在下；一种是“哈啤”二字在上，“豪酒”二字在下。这两种装潢的啤酒除了在哈尔滨本地销售，还远销到了外省市。

为此，哈尔滨啤酒有限公司将圣士丹公司告上了法庭。哈尔滨啤酒有限公司称，哈尔滨啤酒有限公司是一家有着一百多年历史的企业，其所生产的哈尔滨啤酒，代表了中国啤酒工业的成就，是中国的知名商品；“哈啤”作为该商品的特有称谓，已经被广大消费者熟知与认可。2002年以来，圣士丹啤酒有限公司未经哈尔滨啤酒有限公司许可，擅自将其生产的7种商品冠之以“哈啤”之名在市场上销售，给哈尔滨啤酒有限公司造成了巨大的经济损失。为此，哈尔滨啤酒有限公司提出申诉：1. 被告立即停止使用特有名称“哈啤”的不正当竞争行为；2. 赔偿原告的经济损失50万元；3. 赔偿原告为调查侵权而支付的合理费用68400元；4. 赔偿原告的律师代理费2万元；5. 以罚款制裁被告；6. 被告负担本案诉讼费用。

被告辩称，原告将“哈啤”称为知名商品特有名称，没有依据，“哈啤”不是注册商标。被告商品的名称是“哈金啤酒”和“哈豪啤酒”，与原告诉称的“哈啤”无关，不构成与原告的不正当竞争。再有，哈尔滨啤酒有限公司诉请赔偿的损失没有计算标准，开支的调查费与本案无关，其诉讼请求应当驳回。

法院审理后认为，根据哈尔滨啤酒生产销售的时间和地域，该商品年产量、销售额、市场占有率，该商品在同行业同类产品中的排名，以及该商品的广告投入和为消费者熟知的情况等，可以认定哈尔滨啤酒为知名商品，“哈啤”为其特有名称，专用权受法律保护。任何人未经许可擅自在同类商品上使用“哈啤”名称，均系侵权行为。被告生产的啤酒包装装潢上，不论是横排书写“哈啤”，还是竖排书写“哈啤”，均足以造成消费者混淆误认。这种行为损害了原告商业信誉及商品声誉，违反了商家均应恪守的诚实信用原则，亦违反《反不正当竞争法》的有关规定，侵犯了原告知名商品特有名称的专用权，应承担相应的民事责任。（摘自《云南日报》，文章略有改动）

圣士丹啤酒有限公司被判败诉，就是因为它侵犯了哈尔滨啤酒有限公司的“哈啤”名称使用权。同样是啤酒行业，圣士丹啤酒公司与哈尔滨啤酒有限公司，在某种程度上甚至可以说是竞争对手关系。然而，圣士丹啤酒有限公司在未经哈尔滨啤酒有限公司允许的情况下，擅自使用“哈啤”称谓冠名自己的商品，造成了消费者的混淆误认，给哈尔滨啤酒有限公司造成了极大的损失。

很显然，在上述案例中，圣士丹啤酒有限公司借用“哈啤”称谓包装自己的产品，不管是有心还是无意，都已经构成了不正当竞争。而这种行为，一旦被消费者看穿，就会极大地影响公司的信誉，影响产品的销量。

所以，我们才会这样说，在进行软文营销的过程中，一定要恪守职业道德，公平竞争，避免给自己造成不必要的麻烦。

触犯法律红线，使营销成果功亏一篑

进行软文营销有一些基本的底线，那就是不能触犯法律的红线，否则，不仅不能达到预期的营销效果，还会让以往的营销努力付之东流。

在网络营销日渐盛行的今天，越来越多的商家开始借助网络来完成对产品的宣传与炒作。相比于传统的营销宣传渠道，网络传播的效用已经变得越来越大。

因为如此，很多商家和企业在进行营销宣传的时候可谓是绞尽了脑汁，有时候甚至不惜以低俗内容来博人眼球，不惜以触犯法律红线为代价来制造最大的营销效果。如 2014 年上海地铁车厢内的妙龄少女半裸更衣事件。

2014 年上海地铁车厢内两位妙龄女子当众半裸更衣，在她们更衣时，有人及时送来了衣物，该视频在网上疯传。起初，这个视频看起来像是一起“任性”事件。但是，后来经上海市工商局调查显示，这不是一起简单的“任性”事件，而是一起违法的广告行为。因为，在该视频配合更衣递送衣物的画面中，曾出现了“泰迪洗涤”服务名称。这实际上是一起商业广告。这一行为，不仅违反了广告法，还妨碍了社会公共秩序，影响了社会风气。最终，“泰迪洗涤”受到了工商部门处分，罚款 47.5 万元。

不得不说，随着市场竞争越来越激烈，一些广告经常会出现过度夸大及虚假广告的行为。这样的宣传行为，不仅是欺骗消费者，更是在触犯法律的红线，一旦被查出，不仅之前所有的努力会功亏一篑，还会让企业的信誉遭受到非常大的影响。

相信很多人对小 S 代言的佳洁士广告印象深刻。在电视镜头前面，中国台湾艺人小 S 巧笑嫣然，用充满蛊惑性的嗓音说："使用佳洁士双效炫白牙膏，只需一天，牙齿真的白了！"但是，实际上，该则广告的内幕是，小 S 的白牙是后期用电脑技术处理出来的。上海市工商局调查结果显示，画面中突出显示的美白效果，是借助电脑修图软件过度处理生成的，而非牙膏的真实使用效果。因为这一虚假广告，佳洁士被工商部门依法处罚 603 万元。这起虚假广告事件，也成为国内处罚虚假违法广告中罚款金额最大的一起。

除了不能弄虚作假，在实际软文营销过程中，我们还有需要注意的法律红线，如图 8-4 所示。

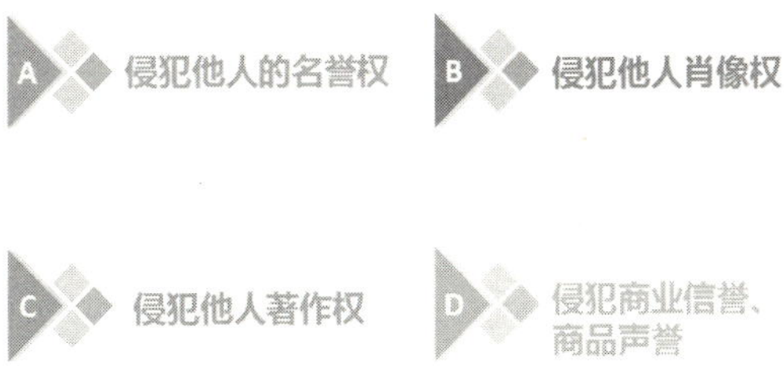

图 8-4　法律红线

一、侵犯他人的名誉权

企业在进行软文宣传推广与营销的过程中，应坚决杜绝以侮辱、诽谤的方式损害他人的名誉。所谓名誉权，主要表现为名誉主体对名誉利益的支配权及名誉维护权。侮辱、诽谤、泄露他人隐私等都构成了侵犯他人的名誉权。所以，我们在进行软文营销的时候，必须要重视以下 4 点。

1. 凡是使用他人姓名或影射他人的软文，如有侮辱、诽谤等情节，便有可能侵权

比如，在一些文学作品中故意使用他人真实姓名，或者对人物特征的描述有明显的指向或影射他人情况，文学作品的内容存在侮辱或诽谤的情节，致使他人的名誉权受到了损害，不管是作者还是发布方都可能构成对他人名誉权的侵犯。

2．转载引用内部资料也有可能会侵权

机关、学术机构、企事业单位、社会团体，或者其他一定范围内的内部刊物和内部资料，一旦被转载也有可能会引起名誉权的纠纷。

3．依据行政文书而撰写的软文一般不会侵权

新闻单位依据国家机关职权制作的公开文书和实施的公开职权行为所做出的报道，其报道内容如果是客观准确的，则不应该被认定是侵权行为；如果其报道失实，对他人的名誉造成了损害，则认定为侵犯了他人的名誉权。

4．对产品的质量、服务的质量提出的批评或评论不构成侵权

消费者如果对生产者、经验者或销售者所提供的产品质量、服务质量进行批评或评论，不构成侵犯他人的名誉权。但若是借机诽谤、诋毁他人，则构成了侵犯他人的名誉权。

二、侵犯他人肖像权

所谓肖像权就是自然人所享有的对自己的肖像上所体现的人格利益为内容的一种人格权。一般来说，企业在软文营销中会侵犯肖像权多是因为配图引起的，所以，我们建议企业在进行软文营销的时候，如果一定要使用人像作为配图，要尽量使用新闻报道性的软文形式。此外，软文表述中的文字，也要尽量维护肖像权拥有者的正面形象。

除了软文营销中的配图，企业在进行硬广推广的时候，其实更容易侵犯肖像权。比如，上海某两家化妆品公司就因为赵雅芝为其代言的广告过期之后，仍旧使用其肖像，被赵雅芝起诉，最终被判赔 25 万元。

三、侵犯他人著作权

著作权又被称为版权，是指作者对自己所创作的文学作品、艺术或科学技术作品所享有的专有权利。著作权包括人身权及财产权。人身权又被称为精神权利，具体包括发表权、署名权、修改权及保护作品完整权等。

财产权又被称为经济权利，具体包括复制权、发行权、出租权、展览权、表演权、放映权、广播权、摄制权、信息网络传播权、改编权、翻译权及汇编权等。

著作权所涉及的内容非常广泛，我们在进行软文营销的时候，一定要多加注意，避免触犯著作权的红线。具体可以参考以下 4 个标准。

1. 为了个人学习、欣赏或研究，使用他人已经发表的作品，可以不向著作权人支付稿酬。

2. 为了介绍、说明或评论某一问题，在作品中适当引用他人已经发表的作品，不构成侵犯著作权。

3. 在时事新闻报道、报刊、杂志或广播电台、电视台等媒体中不可避免地引用已经发表的作品不构成侵权。

4. 报纸、期刊、杂志、广播电台及电视台媒体已经刊登或散播在外的讲话一般不构成侵权，如果作者声明不允许刊登、播放，则除外。

企业掌握了这样一些原则，在软文营销的过程中，就能极大程度地避免侵犯别人的著作权。

四、侵犯商业信誉、商品声誉

所谓侵犯商业信誉、商品声誉，是指捏造并散播虚伪的事实，损害了他人的商业信誉或商品声誉，给他人造成了重大损失或其他严重情节的行为。

很多企业在开展软文营销的过程中，经常出现对这项内容认识不清，而遭受到了刑事处罚的情况。一般来说，侵犯商业信誉、商品声誉有 5 种常见的表现形式。

1. 借助对比式广告、声明式广告，以散布公开信或召开新闻发布会的形式捏造情节、恶意贬低他人，给他人的商业信誉及商品声誉造成了极坏的影响。

2. 组织人员打着客户或消费者的招牌向市场监管部门、消费者协会或新闻发布单位等监督渠道进行虚假投诉，给他人的商业信誉及商品声誉造成影响。

3. 在业务谈判等公开场合有意向竞争对手的客户或消费者散布虚假信息，贬低对手的商业信誉及商品声誉。

4. 恶意诉讼、捏造侵权事实，并通过诉讼的方式向社会大众散布这种虚假信息，给他人的商业信誉和商品声誉造成影响。

5. 在商品包装或说明书上，贬低诋毁竞争对手的同类产品，损害他人的商品声誉。

如曾闹得沸沸扬扬的郭成林案。

案发前，郭成林是北京赞伯营销咨询管理有限公司项目策略总监。他于2010年9月15日在天涯社区论坛及自己的博客上发布了一则题为《金龙鱼，一条祸国殃民的鱼》的帖子，称金龙鱼食用油中含的转基因大豆在欧洲和日本是“绝对禁止人民食用的”“因为对我们的儿孙身体有不可预测的风险！吃了它使你不能生育后代，它能让我们的后代断子绝孙的，除非你想让你的孙子成为侏儒或者你自己想得癌症！”

该则帖子在网络上传得沸沸扬扬，含沙射影指责金龙鱼食用油利用“有害的”转基因大豆，“毒害”国人的身体健康，呼吁网民抵制金龙鱼。南山检察院以损害商业信誉罪对该文作者郭成林提起公诉。郭成林因在帮助鲁花花生油进行软文推广的同时，散布虚假事实，损害了他人（金龙鱼）的商品声誉，情节严重，获刑1年。

软文虽然是企业营销造势的一种不错的方式，但是一旦触及了雷区，就很可能会“赔了夫人又折兵”。尤其是触犯了法律的红线，后果更是企业所不能承受的，所以，企业在进行软文营销的时候，一定要谨记，绝对不能触碰法律的红线。

第九步
软文营销高手必须掌握的 10 种经典软文营销案例

兵书上说，“胸有百万兵，才能沙场秋点兵”。对于软文写作来说也是如此，你只有熟悉了各种软文类型的写作套路，在进行软文创作的时候，才能得心应手；在进行各种题材的软文创作的时候，才能圆润自如。进而写出最佳的软文，取得最好的软文推广效果。

故事类软文案例

故事类软文有一个很大的特点，即故事情节丰富，引人入胜，不会让读者产生抵触心理，在不知不觉中就落入了软文撰写者布下的局，如下面这篇软文。

唐僧避难记

随着科技日新月异地变化，天界的各路神仙也忍不住无聊了，纷纷使用现代化的仪器进行沟通和交流。手提电话早已代替千里传音。呵呵，唐三藏也买了猪八戒的二手电话，每天和二徒弟交流嫦娥的八卦新闻。如来尊者实在是看不过去这种现象了，开了好几次佛界扩大会议，要求诸神佛都要保持朴素作风，不能丢失了使用法力的习惯，不然长此以往，佛将不佛了。于是他就组织了以自己为组长的纠察小组，观音当副组长，十八罗汉做组员。具体措施就是杀一儆百。

这天正当三藏发短信息发的热乎的时候，纠察组正好经过，唐三藏被逮了个正着。不由分说，唐三藏就被带到了如来的面前。如来一看是自己的得意弟子，有些于心不忍，可是定下的律法就要执行，不然自己的尊严何存。于是，他就给三藏出了个难题，那就是，因为你喜欢人间的玩意，我就让你好好玩玩，如果你出点差错，那么就只有说对不起了。你就再去取经一回，八十一难，那可不是闹着玩的，你好好享受吧。题目是什么呢？开小轿车，不准使用法力，行驶十万公里，不准超速，不准闯红灯，不准得到一个罚单，否则，哼哼！

这下可难为住三藏了，他只不过刚学会开车，还只有 3 次驾驶经历，可是却收到 10 次罚单，这不是要他老命吗？不过他也没办法，只好硬着头皮坐上了小轿车。这时悟空突然从天而降，手里拿着个小玩意，神秘地对三藏说："师傅莫怕，咱有宝贝，你只要把他放在车里，俺保你平安。"唐僧将信将疑，把那个小玩意放在了车内。

话说唐三藏开车走到了京沈高速，一路无事，突然，车内响起一个声音："请注意，降速。"唐僧立即看一下车速，车速 125 公里，赶紧降速到安全车速。往前走了 1 公里左右，果然看到一个固定 6F 测速枪，心中暗叫好险。终于下了高速，到了终点站沈阳。三藏正得意着要过关了，突然车内又响起了声音："前有闯红灯照相，限速 60 公里。"他赶紧打起精神，小心翼翼地开车。以后一路无事，平安无罚单到达终点。

如来都不相信三藏无事到达，忙问其中原委。悟空嘴快，得意地说："任你有千万考验，有俺老孙的方炜科技的电子狗 GR-02，不怕红灯和测速，如来又奈我何呢！哈哈，下次换个考验的法子吧。"（文：电子狗供应商——广州方炜科技有限公司）

在阅读这篇软文的时候，你的感觉如何呢？相信很多人在最初读这篇软文的时候，只是单纯地将它当成一则消遣的文章来读的。因为文章的写作风格比较轻松，情节比较丰富跌宕，产品关键词嵌入也比较晚，读者读这类软文的时候，基本感觉不到丝毫广告的痕迹。这种让读者含着兴趣与好奇读完的故事型软文，无疑就是非常成功的，读者也会在不知不觉中记住企业的产品。

那么，故事类的软文一般都具有哪些特征，或者说它的创作模式什么样的呢？有以下 4 点可以参考，如图 9-1 所示。

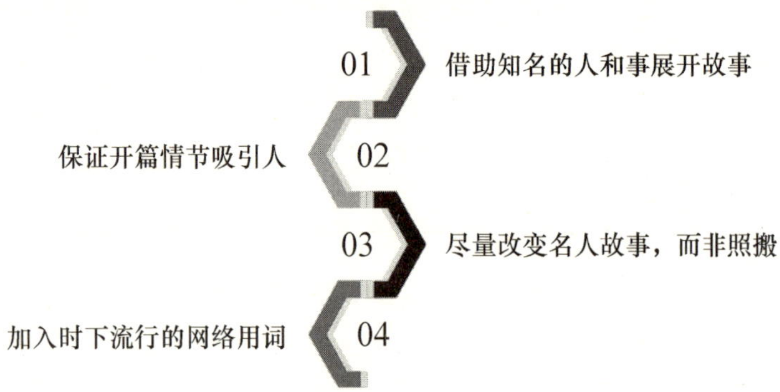

图 9-1　故事类软文的创作模式

一、借助知名的人和事展开故事

比如《818 杜甫是怎么死的》《一只产品狗的盗梦空间》《梵高为什么自杀》等知名的故事型软文，都是借着名人的故事展开的。

二、保证开篇情节吸引人

故事式软文开篇的内容情节一定要足够吸引人，最好先不要进行任何营销，仅仅靠着故事情节来吸引读者。等待故事情节发展到自己需要植入的营销行动时，此时的故事基本已经接近了尾声，为了更好地加深读者的印象，在这时候，不妨含蓄地来一个推广，强化读者对产品的印象。

三、尽量去改编名人的故事，而非照搬

优秀的软文撰写者都知道，只有通过合理的改变，打破人们对名人故事既有的印象，这样创造出来的故事才足够有新意，足够有看点。比如，《一只产品狗的盗梦空间》就是穿插了时空穿越这种最流行的元素，以名人马云的身份展开的故事，读者看到这则故事，就会眼前一亮。

四、加入时下流行的网络用词

会利用互联网进行咨询和搜索的人，多是那些生活比较前卫的人，他们对流行的网络用词比较敏感，我们在写作软文的时候，加入一些网络用词，往往也能够取得不错的宣传推广效果。

当然，想要写出一篇优秀的故事类软文，也并非一朝一夕就能成的，这不仅需要我们在平时多涉猎类似的案例，也需要我们多写多练。唯有如此，才能在撰写这类软文的时候做到心中不慌。

新闻类软文案例

新闻式软文，我们在前面已经有所提及，这类软文最大的特点就是标题一般具有较强的权威性，行文一板一眼。

56 高校影像力展映 2012 届华南农大动画系毕业作品

日前，华南农业大学动画系 2012 届毕业作品在 56 高校影像力线上展映。中国领先的视频分享网站 56 网将独家展映 54 部来自华南农大的大学生原创作品。这是继 56 高校影像力“香港浸会大学电影学院 2012 届 MFA 作品展”“广东工业大学 2011 届动画系毕业作品展”及“广西艺术学院 2011 届毕业生动画作品展”后又一所高校毕业作品的线上展映。网友可以登录 56 高校影像力观看全国数百所高校原创作品。

华南农业大学艺术学院于 2004 年开设动画专业，是广东省最早开办动画专业的学校之一。在不到 10 年的发展过程中，华南农业大学的动画系形成了多功能发展的综合实力，成为广东省乃至华南地区具有影响力的特色专业，历届学生获得了包括金犊奖、学院奖在内的多项全国性大奖。其中，原创动画作品《飞机总动员》不仅获得了北京电影学院最佳影视特效奖，更是获得了专业动画公司的青睐，得到了资金资源进行更多影视动画作品的创作。

毕业作品的价值，不仅仅利于完成毕业任务和找工作，更是给了学生一个提升艺术想象力、展示创作理念的机会。这是一种纯真性、多样性的艺术追求。此次展映的作品包涵传统意义上的动画类作品，更有影视类短片。无论是在创作理念、表现手法还是后期制作上均有所创新及突破。不少三维动画作品更是凭借过硬的技术实现了3D视觉效果，不仅为作品添加了纵深感，而且提升了整体气氛。动画作品《辕古罗盘》特别运用了引擎动画的制作方式，并将中国风与欧美风融为一体，呈现了游戏般的恢弘场面。特别的是，本次展出作品探索了人文性与个性化。三维动画作品《BZD》中，穿插进了旗袍、澡堂及麻将等丰富的本土文化意象，传递了浓浓的本土文化情结。此外，动画作品的创意性也在不断提升，短片《手机那些事儿》利用图文结合的形式，幽默直观地代替手机说明书创意解说了手机功能，趣味性十足。

在接受56网采访时，华南农业大学动画系主任谭明祥表示："在动漫创作的过程中，应以个性的展示，艺术的表现为总体追求，不断进行多样性的尝试。"而网络的出现，恰恰给了动画作品这样一个多样性尝试的机会。视频网络使得动画及影视原创作品的展示效果、时间获得了极大的加强及延长。与此同时，视频网站的展播也为这些原创作品带来了更多的机遇、挑战与思考，让这些出自大学生之手的优秀作品能够利用网络平台及时得到作品的反馈，加强与网友的互动性，不断探索和丰富作品内容。

作为国内最具YouTube气质的视频分享网站，56网自2005年成立以来，凭借浓厚的原创氛围吸引了超过8000万注册用户，并积累了国内最大的原创视频库。2011年，关注大学生原创影像的品牌——"56高校影像力"正式上线，立足于征集优质高校原创影像作品，扶持有潜力的校园原创导演、DV摄影爱好者及影像社团。近日，56网还成为第十届"半夏的纪念"北京国际大学生影像展首席视频合作媒体。

4 月初，56 网启动“2012 年 56 高校影像力校园行”活动，走进全国 200 所高校进行地面宣传，并计划于 5 月底走进北、上、广的多所高校进行线下展映和校园原创导演招募，征选优秀原创导演入围 56 网“2012 十人十部高校导演扶持计划”。值得一提的是，56 高校影像力还得到了张元等知名导演的支持。据悉，张元将跟随“2012 年 56 高校影像力校园行”走进高校，与大学生面对面交流互动。（2012 年 5 月 17 日《扬子晚报网》）

上面这则软文标题为《56 高校影像力展映 2012 届华南农大动画系毕业作品》，以新闻式的写作方式，陈述了 56 高校影像力展映 2012 届华南农大动画系毕业作品这个事实。然后，笔锋一转，通过大篇幅的文字来描述 56 高校影像力的渊源，以及 56 网的雄厚资源与技术支撑。

也就是说，这看似一篇新闻报道，实则是对 56 网及 56 高校影像力的软文宣传。

在写作新闻类的软文时，我们可以参考以下两点标准，如图 9-2 所示。

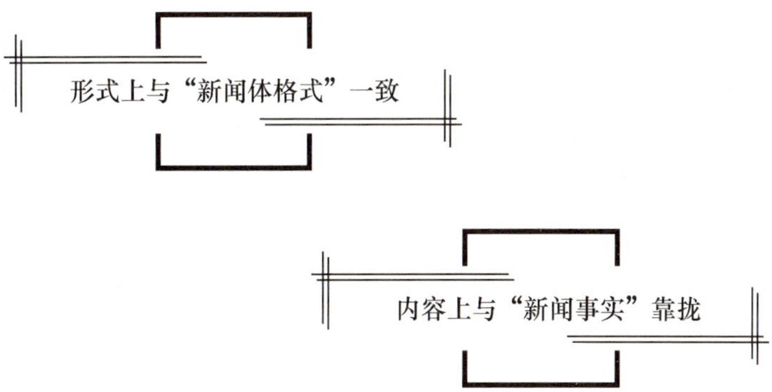

图 9-2　新闻类软文创作标准

一、形式上与“新闻体格式”一致

出现常用的新闻用语，如“日前”“近日”及“在接受 56 网采访时”等。

二、内容上与“新闻事实”靠拢

也就是说，软文所进行的宣传报道，必须要是真人真事，不能是子虚乌有的。

当然，这两条标准只是基本的撰写新闻类软文的规范，在实际撰写新闻类软文的过程中，还有很多需要注意的地方，如所报道的事实，必须要具有新闻价值，最不济也要有新闻亮点和干货等。这样，才可能成功吸引到读者，达到最佳的宣传推广目的。

案例类软文案例

案例类软文一般是通过案例来分析说明一个问题，如下面这则软文。

微信营销：4 个案例解构公众号定位

微信号如何定位？本文以举例的说法，以现实运营中有代表性的微信公众号为案例，给大家做一个详细地分析。

人群定位：“精英阶层”

其实，对大多数公众号运营者来说，自己微信选择做“人群定位”是个好主意，因为对许多运营者来说，做公号就是为了营销或为将来营销起作用的。所以针对自己的产品或服务，分析出其目标受众是谁，是什么样的人群。这里讲讲在定位上做得很到位的“精英阶层”，它的人群定位是老板、高管与金领，属于这个社会中坚、精英。有了这个定位，所以在选编内容时，侧重点就是商业趋势、投资创业、企业管理、职场生涯、家庭教育、圈层生活，以及高端消费与休闲等，一切以“一个阶层的生意与生活”为指向，去运营吸引自己所要的这个阶层人群的关注与订阅，从而求得日后自己可能实现的利益点。

功能定位:“名山养生”

如果说“精英阶层”的定位是人群定位,那么“名山养生”的定位就是功能性的了。也就是说,只要是对养生有需要的人,他们可以是老人也可以是年轻人,可以是男士也可以是女士,都是自己的受众。而重视养生的人,却没有一个明确的人群,因为每个人对自己的健康重视程度不同,这与财富、与健康无关。所以“名山养生”在内容上就以有“饮食、健身、修性”作用、深具“养生”功效的精华资讯或方法为编辑宗旨。

行业定位:“深度茶叶”

如果说“名山养生”微信定位为功能,那么“深度茶叶”就是彻头彻尾的行业性定位了。也就是说“深度茶叶”每天要迎合的就是茶叶行业的人,迎合他们对重点茶业资讯的需求,迎合他们客户对茶文化与知识普及的期盼,迎合他们对茶界活动与动向的关注等,所以“深度茶叶”在做有趣的茶资讯的同时,始终坚守着茶新闻资讯这块阵地,也就是说每天都有茶界新动态,这不是因为其有“第一茶叶网”这个国内业界最大茶门户的背景,而是为了给粉丝们留一份资讯“备忘”,以便他们有空时看看不落下“重点”。

内容定位:“微刊”

讲起小田我在运营的“微刊”,熟悉的朋友一定会说,“微刊”内容触及方方面面,可以说包罗万象,还有什么定位?其实,“微刊”的定位就在于内容:首先,是“每日微信精选”,也就是说,它是个文摘类、精选类的公号;其次,是精选“短小、有趣、质感”的内容,重在“微”;不是“深度、实用、专业”而重在“专”。这么一说,大家一定明白了,“微刊”是有很专业的定位元素在里面的,而不是见什么好东西就采编什么内容的杂刊。很多时候遇上眼睛一亮的好文章或内容，但由于没满足刊物定位，最终还是忍痛弃爱，不选发了。

通过对上面 4 个在定位上具有代表性的案例的分析，现在大家在运营自己的公众号时，应该比之前更懂得什么是微信“定位”了吧。

不过，需要提醒的是，如果只看上面的分析文字，肯定不够，只有加入上述几个案例帐号，亲身经历其君们日常是如何运作的，方能达到以案例做分析，让大家更有效地理解微信定位的初衷。（文：Vweikan 君小田）

上面这则软文就是将案例类软文的写作发挥到了极致，进而取得了自己想要的效果。其实，只要是有一些软文鉴别能力的读者，很容易就能看出上面这篇文章是推广软文。但是，为了学会微信公众号的定位理论，这些读者又会心甘情愿地来接受“洗脑”。

当然，更多的读者可能只是单纯的读者，他们不知道你的例子就是你的软文行动目的，在不知不觉终究受到了你的软文影响，甚至可能还会主动去搜索你所列举的公众号并加关注。

所以说，在写作这类案例式软文的时候，如果我们想要取得最好的软文营销效果，那么我们最好表现出一种公正、客观的第三方姿态，不要点明该营销行动就是自己所要宣传的产品或服务。

通过阅读上面那则软文，我们可以发现，案例式软文具备如下 3 种优势，如图 9-3 所示。

一、不需要做很多的铺垫，直接就可以植入营销

我们可以想一想，如果软文撰写者不是采取了案例式软文的写作方法，而是采取其他类型的软文，那么光是植入行动目标之前的铺垫，就需要浪费大量的笔墨。

二、可以用多案例的形式嵌入多个行动目标

如果不是案例式软文，而是其他形式的软文显然无法一下子就植入 4 个公众账号，就算是能够植入，篇幅也会受到限制。

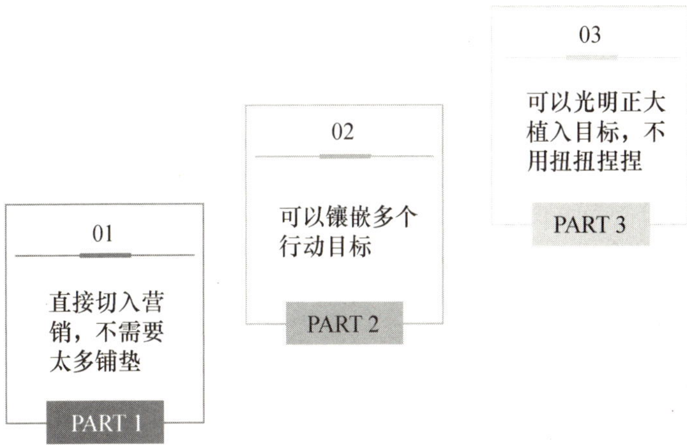

图 9-3　案例式软文的优势

三、植入行动目标时，不要小偷一般扭扭捏捏，可以光明正大地展开

案例式软文这种简单、直接、不拖泥带水的营销方式，比任何其他类型的软文都要直接，软文撰写者的一切营销目标都是建立在自己的例子之上的，所以也不存在嵌入不嵌入的问题。即便是读者认为作者列举的案例不当，那也仅仅是作者的一家之言而已，不会引起读者的反感。

对比类软文案例

2016 年“五一”期间，一则《青年魏泽西之死》的软文将百度的医疗竞价搜索推到了风口浪尖。受此事件影响，一夜之间，百度的市值蒸发了 300 多亿元。

就在舆论围绕“企业良心”大做文章的时候，360 却悄悄发布了如下一则公开信。

360 搜索致用户的公开信

亲爱的 360 搜索用户：

大家好！

360 搜索经过审慎研究，做出以下决定：即日起，360 搜索放弃一切消费者医疗商业推广业务。

近日，西安电子科技大学学生魏则西事件牵动了亿万网友的心，同时也再一次把互联网医疗商业推广推到了媒体和网友关注的风口浪尖。人命关天，岂可儿戏？360 搜索作为中国市场排名第二的搜索引擎企业，我们深知自己肩上的责任与道义担当。我们经过审慎的研究之后做出以下决定：即日起，360 搜索放弃一切消费者医疗商业推广业务，承诺向广大网民提供安全、干净、可信赖的搜索服务。

一年以前，360 搜索曾经尝试通过建立严格的审核机制来帮助用户规避虚假医疗信息所带来的风险和隐患，并取得了一定效果。但同时我们也发现，只要互联网医疗商业推广这种商业模式存在，就无法彻底从根本上杜绝虚假医疗信息给用户带来的伤害。

用户的健康和生命至高无上，一个早逝的生命，令我们惋惜，让我们警醒，更促使我们行动。今天，360 搜索正式停止一切消费者医疗商业推广业务。我们希望能像当年的孙志刚事件一样，促使整个社会和行业反思，成为推动社会进步的力量。同时，我们也呼吁所有搜索企业，在相关的法律和制度完善之前，为了生命和健康，暂时放弃商业利益。

360 搜索愿意与其他搜索引擎企业一起，与国家相关部门一起，通过实际行动，为全民建设一个干净、安全的互联网搜索环境。

360 搜索

2016 年 5 月 3 日

在百度因医疗竞价被卷入是非之中的时候，360 安全搜索及时地发布了这则公开信，表明了立场。360 这一举动，在无形中与百度的医疗竞价行为形成了鲜明的对比。而 360 的这一举动，也提升了网民对它的好感。

很显然，360 所发表的这则公开信，虽然有些公关释嫌的成分，但是在这个特殊的时机、特殊的场合，360 公开表明了立场和态度，承诺为网民创建一个绿色、安全的搜索环境，还是很受广大网民认可的。

在软文营销领域，通过对比来进行软文推广的企业还有很多。如 2015 年京东“6.18”大促的时候，曾精心策划了“我没变”的宣传文案，如图 9-4 所示。

谢霆锋：有人说我变了，变得不再叛逆，变得褪尽锋芒，变得被时间抹去棱角，我变了？我没变，初心，未曾改变！12 年，从心出征，京东 12 年。

李娜：有人说我变了，变得平顺温和，变得失去“娜喊”，变得不与这个世界争吵，我变了？我没变，初心，未曾改变！12 年，从心出征，京东 12 年。

刘强东：有人说我变了，变得冒犯传统，变得异常强硬，变得把坚持成为固执，我变了？我没变，初心，未曾改变！12 年，从心出征，京东 12 年。

图 9-4　京东软文

很快国美就紧随其后打出了这样的宣传口号，如图 9-5 所示。

快递员•谢小峰：你说你没变，但是，我变了，变得更加平顺温和，总是随时守候，永远不与这个世界争吵。是的，你没变，我变了。蜕变，未曾止步。

客服•李娜娜：你说你没变，但是，我变了，变得更加风雨无阻，总是快人一步，喜欢把对手甩在身后。是的，你没变，我变了。蜕变，未曾止步。

HR •孙金龙：你说你没变，但是，我变了，变得更加敏锐洞察，总是接纳包容，一直把希望成为力量。是的，你没变，我变了。蜕变，未曾止步。

图 9-5　国美软文

不仅如此，在“6.18”当天，国美在线更是在北京黄金广告位盘古大观上贴出了巨幅广告，标语“家电 618，主场在国美，对面的东东看过来，贵过你我就赔 300”。借着与京东的大战，国美在 2015 年京东“6.18”大促期间，取得了非常不错的成绩，在线销售的情况也变得越来越好。

公关类软文案例

2016 年 5 月，在微信朋友圈有一条消息被热心的网友刷屏了。

告诉您的孩子：找不到爸爸妈妈的时候，不要慌乱，冷静的在身边找 ××× 店进去等，家长会来接你的。5 月 × 日起，××× 正式成为中国失联儿童守护站！只要孩子进了 ××× 店铺！即便暂时与家长失去联系，TA 也不会被拐卖或出现意外，××× 店都会是安全守护站，服务人员就是守护人。

关爱走失儿童，一击就击中了广大网民的痛点，唤起了广大网民的博爱之心。一时之间，这条消息被大量转发，就连一些知名的艺人也加入了转发的行列。然而，事情随后的发展却大大超出了组织者的预料，随着这条消息被越传越热，网上也出现了各种不同的版本，有快递版（图 9-6）、药店版（图 9-7）、宠物店版（图 9-8）。

图 9-6　快速版公关软文

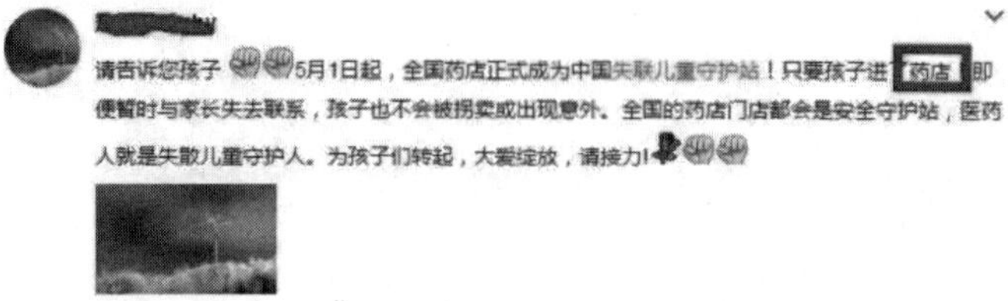

图 9-7　药店版公关软文

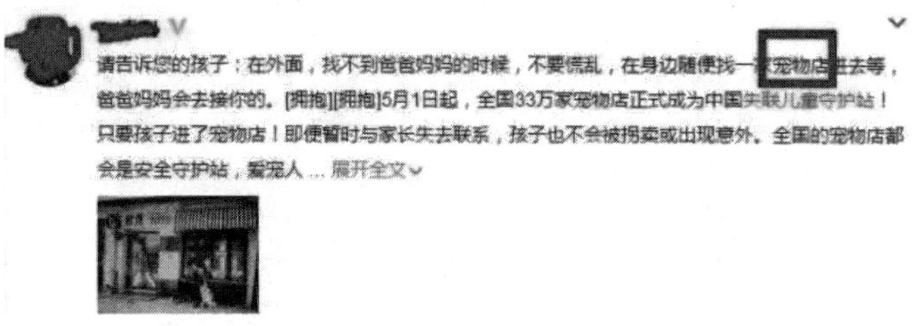

图 9-8　宠物店版公关软文

随着各种版本的愈演愈烈，首发此消息的链接地产被推到了风口浪尖。网上涌现出大量质疑之声，此消息被指为作秀，是对孩子的不负责任。一些地方的警方官微还发表了主题鲜明的微博：“链家，请停止错误的走失儿童自救宣传！这不是营销活动应该涉足的领域”。

各地警方的官微，主要质疑以下 3 点：（1）孩子与家人走失，最佳选择应该是留在原地，不跟任何人走，直到警方与其家人介入，不然让孩子满大街地找链家门店，弊大于利；（2）即便孩子要找，也应该找派出所，全国范围内有 4 万多家派出所，量大又专业，不必找链家；（3）链家动机不纯，只是营销手段。

在质疑之声一浪高过一浪时，这样一篇文章悄然闯进了读者的视线。

链家将建立失联儿童守护站？先别急着给链家泼冷水

前几天朋友圈和微信群突然被链家的新闻刷屏，仔细一看，原来都是关于链家将要建立失联儿童守护站的消息。消息的来源是链家公益4月25日发布的一条微信文章，题为《链家公益助力CCSER（中国儿童失踪预警平台）》。文章说，一个月之后的5月25日（国际儿童失踪日），链家失联儿童守护站将全面启动，链家全国6000家门店将正式成为中国失联儿童守护站，所有门店将张贴守护站标识，方便孩子们求助。只要孩子进了链家，即便暂时与家长失去联系，TA也不会被拐卖或出现意外。

看到这条消息，第一反应是忍不住点赞。关爱儿童，人同此心。每次在微信、微博看到各种丢失孩子的求助，总觉得很揪心，企业出来关爱、救助孩子，自然值得赞赏。另外，因为工作原因，我经常与企业高管讨论企业社会责任（CSR）的问题。近几年，CSR业界讨论的焦点是企业如何结合自身业务特点参与社会问题的解决，以创造共享价值（Creating Shared Values）。链家建立失联儿童守护站恰恰就是创造共享价值的典型做法，这正是有效运用了链家强大的网点和人力资源优势，从线下配合CCSER的线上救助，弥补了CCSER线下资源不足的缺陷。这不得不令人赞赏项目设计之巧妙……

4月30日剧情出现反转，链家遭到了种种质疑之声。

看到这些质疑，似乎是有道理的。我也不禁思考到底谁的观点对。我不是失联儿童问题的专家，所以我只能从一个普通家长的角度去思考。如果孩子走失，理论上确实最好是在原地不动直到警方和家人介入；不过介入时间长短有时是不可知的，风险随时出现，暴露在外的时间越长，被拐（掳）的风险也会越高，电影《亲爱的》里面的情节便是如此。所以，这时候孩子应该找一个安全的地方寻求庇护。首选自当是派出所，大家都知道“有困难找警察”嘛。

不过，去链家就是错吗？恐怕是未必。原因有二：（1）事发地点视野范围内可能有链家门店。我随手用电子地图做了一个测试，在同一个范围内搜索派出所结果是400条，搜索链家是100条，这确实说明链家门店没有派出所多，但也说明在北京这样的大城市，链家分布的网点也可以算是很密集了

（测试范围内链家和派出所数量比是 1:4，全国是 1:6.7），并且链家门店选址因为商业的考虑通常都在人流量大、容易看到的地方，这个和派出所选址的考虑因素是不同的。因此，有些时候确实会出现找链家门店比找派出所更方便的情况，甚至是可能事发地点就有链家门店，如果没有条件原地报警，进入就近的链家门店对孩子而言可能是更安全的选择。（2）事发的局部区域可能链家员工的密度要比派出所民警的密度大。链家员工要经常带客户看房子，通常是两三个人陪同一个客户，如果事发在北上广的大型小区周边，这种情况是非常有可能发生的。就我个人的经验看，在小区周边碰见中介的概率通常是比较大的。在这种情况下，向链家寻求帮助，或者是发动链家员工参与救助也可能是相对更有效率的选择。当然，需要让孩子知道的是，一定要进入贴有 CCSER 标志的门店。

基于上述两个原因，我觉得链家建立失联儿童守护站也还是有一点点自身优势的。多数情况下可以找派出所，有些特殊情况下找链家帮助联系警方也是个可行的选择。或者说，像链家这样的具有海量连锁分支的企业至少是可以对警方的救助工作起到一定的辅助作用的。单单链家的门店数量确是不及派出所的，但如果有 10 个像链家这样的企业参与进来，门店数量就会大大超过派出所的数量。这些门店本来就在那里，参与失联儿童救助无须硬件投入，所以确实是一种非常有意义的企业社会责任创新的尝试。对此，我想外界的态度可以有更多鼓励甚至也可以是建设性的批判，但先不要急着给链家泼冷水，更不必去做有罪推断，认为链家就是为了搞营销。在没有确凿证据之前，这样的臆测无异于“泼脏水”，容易寒了好人的心。何况，活动是 5 月 25 日才正式由 CCSER 和链家等连锁经营机构启动，还很多细节还没有公布，现在给一个大写的否定未免太草率。

当然，好心办坏事的情况并不鲜见。CCSER 和链家也是要想办法避免这种风险的，这就要求组织者特别注意方案的完整性和细节的专业性。从链家的微信来看，瑕疵是有的，譬如文中提到“每年中国有 20 万儿童失踪”，这个数据 3 年前就被公安部打拐办主任辟谣；此外，文中也只是粗略描述了守护站的模式，但对守护站的组织者、合作伙伴和运营机制都缺乏详细描述。这些方面，希望链家能吸取教训，在未来一个月与 CCSER 设计出更加完善的细节方案，特别是对员工的专业知识和技能的培训，以便与警方形成更密切的配合。如同 CCSER 发起人、中社儿童安全科技基金秘书长张永将在微博中所说："一件事，宣传只是一篇文稿，做还需要脚踏实地，路还很长，一起努力。"（摘自《房掌柜》，作者：郭沛源。）

上述软文的作者郭沛源是清华大学管理学博士、商道纵横的董事、商道纵横共同创办人兼总经理。具有极强社会责任，当链家在遭受到质疑和发难的时候，由他这样一个比较有话语权的人出来发声，所取得的效果，要比链接自己剖白效果好更多。

当然，软文的发布者或许只是出于一种公平公正的态度发表自己的意见，而非有意要帮助链家进行公关。但是，他这一个无心的举动，发自真心的评论，反而能够取得最佳的公关效果。

傍品牌类软文案例

提起傍品牌，蒙牛可谓是个中高手。当年，蒙牛刚刚成立的时候，没有什么名气，它是怎么做到现在的呢？善于傍名牌。

当蒙牛还很弱小的时候，它傍谁呢？傍伊利。蒙牛的第一条广告是这样做的："向伊利老大哥学习，誓做内蒙古第二品牌。"当年的蒙牛刚刚成立，根本不可能是内蒙古的第二品牌。第二是谁呢？没人能说得清楚，但是伊利做得很不错。蒙牛一捆绑伊利，伊利又不能说不让它叫老大哥。蒙牛这么一个"誓做内蒙古第二品牌"的口号喊出去，很多人记住了，内蒙古的第二品牌是蒙牛。很多小企业在最初发展的时候，都是这样进行捆绑的。比如，当初的脑白金，就曾因为在某著名的养生杂志上登上了第一保健品的品牌，而受到大众的关注。

当蒙牛发展到一定阶段以后，又捆绑上了又一个品牌，这个品牌叫杨利伟。

2003 年“神舟五号”飞天，航天员杨利伟成了民族英雄，而蒙牛则因为搭上了“航天员专用牛奶”这个快车，再一次名声大噪。

2005 年，湖南卫生超级女声热播，凝聚粉丝无数。蒙牛豪掷 2800 万元买断了“超级女声”的节目冠名权，并且利用“超女”在国内日益强大的影响力，投资近 8000 万元用于公交车、户外灯箱和广告牌，以及各类媒体广告等。蒙牛的这一系列营销手段，帮其顺利打开了南方的市场。

不仅如此，蒙牛还聘请“超女”张含韵代言“蒙牛酸酸乳”的广告。

之所以选择张含韵，蒙牛有着自己的衡量标准。相比于蒙牛其他乳品，“蒙牛酸酸乳”口感清新爽滑，酸甜之中带有牛奶特有的浓香，产品的附加值高，属于中高档奶品之列。该款奶品主要定位的消费人群是那些 15 ～ 25 岁之间前卫、自信、追求个性的女孩子。而张含韵恰恰符合了“蒙牛酸酸乳”选取代言人的标准。

代言人选好之后，蒙牛还花费了很大的心思来策划广告。广告中，张含韵起初戴着耳机在唱歌，但是歌声严重走调，被很多人嘲笑。然而，在她喝下一口蒙牛酸酸乳之后，歌声产生了神奇的变化。人们看向她的目光也由嘲笑变成了跟随，和她一起唱《酸酸甜甜就是我》。

从最初喧嚣的场景及走调的歌声，到喝一口酸酸乳后大家一起唱《酸酸甜甜就是我》，直至最后大家全部举起蒙牛酸酸乳，大喊“酸酸甜甜就是我，蒙牛酸酸乳”。整个广告都洋溢着青春、自信的基调。

除了蒙牛，其他一些企业通过傍名牌成功的还有很多。如百事可乐曾经让赫鲁晓夫义务做广告，请尼克松做世界级的推销员；可口可乐义务救助世界上雨量最大的小镇，让印度与巴基斯坦握手言和等。这些傍上名牌的大事件，都极大地提高了它们的知名度。

傍品牌类的软文如何策划才能更成功？有以下两个参考标准，如图 9-9 所示。

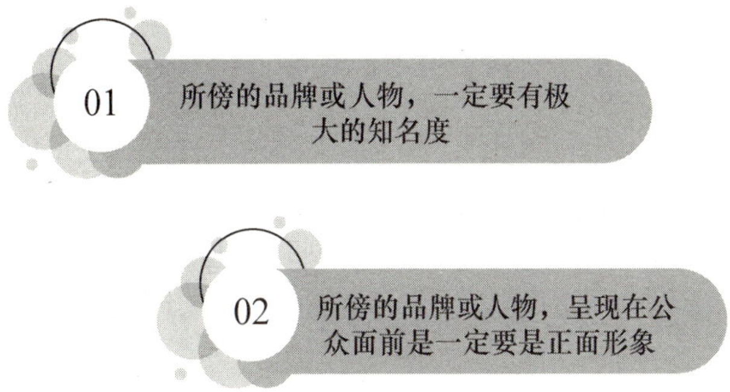

图 9-9　傍品牌类软文的策划方法

一、所傍的品牌或人物，一定要有极大的知名度

这一点很好理解，如果你不能傍上知名度大的品牌或人物，而是随意傍上张三、李四。别人连张三、李四是谁都不知道，你又怎么可能利用张三、李四提升自己的知名度呢？

二、所傍的品牌或人物，呈现在公众面前是一定要是正面形象

正面的形象才有利于提升企业的形象，如果去傍一些负面的品牌，还不如不傍。如同样是傍名牌，蒙牛选择的是傍伊利还是傍三鹿，结果就会天差地别。

情感类软文案例

在软文写作中，情感是最能打动人，也最能引起人们共鸣的一种重要因素。所以，那些能够被广为传颂的文章，也大多善于以情动人。比如，我们在前面章节中曾经提到过一篇软文——《对不起，我只过 1% 的生活》，该软文从头至尾都充斥着作者真实的情感，因而感动了不少读者，吸引了不少人的点赞与转发。这其实就启示我们，在软文营销过程中，善打情感牌，往往能够取得非常不错的效果，如下面这则软文。

中年男人：请给我们多点关爱

我是郑州一家广告公司的客户经理，在上周的职业经理人培训中，听到许多客户经理抱怨中年男人最难打交道，其实这是因为他们不了解中年男人；中年男人虽然事业有成，但精神压力沉重，他们需要的不是你虚假的请客吃饭，而是希望你用心和他沟通，从朋友的角度理解他。今天，我就以自己的一次亲身经历告诉大家如何关爱客户，获得客户的好感，和客户做个真心朋友！

11月底，我奉命接待一位某电子企业的台商老板——张总；张总今年四十二岁，白手起家在行业内开创了一片广阔的天地，这次过来和我们公司谈一个项目。在接待妥当之后，我安排酒宴为张老板接风洗尘。点完菜品之后，我礼节性地询问张总喝什么酒，不料他说喝啤酒。我心想：郑州目前已是冰寒地冻，虽然屋里暖和，但喝啤酒显然对身体不好；于是我连忙对张总说："在台湾您喝啤酒可以，因为那边温暖；但在郑州，我建议您还是喝点白酒，避免身体产生不适，而且适当喝点白酒，也有助于您的身体舒血活经。"张总听我这么一说，心想也是，爽快地听从我的劝告，而且称赞我懂得关爱别人，做事仔细认真，并表示对我们企业马上有了基本的信任感。

菜上桌后，我先敬了张总一杯酒，张总一看颜色是红色，还以为是葡萄酒。我连忙拿着酒瓶站起来隆重介绍："这是我们河南特有的百事利酒，不但口感和白酒相似，而且它还是有养生功效的保健酒，少喝养生，多喝亦不上头。"张总听后打趣道："我还以为你要拿葡萄酒灌我呢，没想到还给我喝保健酒，看来我真是以小人之心度君子之腹了。"

常言道：交朋友，从喝酒开始！酒过三巡，我和张总已俨然一对老朋友般说学逗唱，谈天南聊海北。在絮叨家常中，我听出张总由于常年各地奔波劳累，加之年近中旬，身体一日不如一日，于是我再次郑重的举杯，劝慰张总："身体是革命的本钱，我们男人虽然不需要关注美容养颜，但修身养性却是不容忽视的。来，干了这一杯，补补您的肾！"张总疑惑地问我："喝酒还能补肾？"我哈哈大笑："您不知道，这百事利酒最大的功效就是养肾。肾是我们男人藏血输精的镇山之宝，肾不强，男人就不强；而百事利酒的养肾功效是全国保健酒中独一无二的，这也是我们河南中年男人现在喝酒都只喝百事利酒的原因。"张总一听马上和我连干三杯，喝完之后看到酒瓶上面的广告语"饮酒百事利养肾有道理"后开心地对我说："养肾还需要道理吗？女人美容，男人养肾，这是天经地义的事！走的时候我也带几瓶百事利酒，开始我的养肾之路。"

那一夜，我们喝了很多百事利酒，但我们都没有醉，"白酒的品质保健的功效"那可不是吹的。张总那天特别高兴，因为他深深感受到了我们河南人的热情好客，切身体会到了我这个新朋友对他的真情关爱，并一再感谢我拉着他走上了养肾之路。

接下来的半个月，张总白天和我谈业务，晚上找我观赏郑州风情，饮百事利了酒。很快，半个月过去了，业务谈定了，张总也要回广东了。张总走的那天，我送他到了机场，并从后备箱提出了几瓶百事利酒送给了他。张总激动地握着我的手："交上您这个朋友真是我的三生荣幸，我忙得都差点忘了我的养肾之路了。"我微笑道："放心，喝完了这几瓶您给我说，下次我亲自给您送一箱百事利酒过去！"

这一次，只用了半个月的时间，我们的销售业绩就因为张总对我们企业强烈的好感度马上增长了100%，老板专门开了一个会议在全公司员工前足足表扬了我30分钟！其实，只要您把客户也当作朋友一样关爱，尤其是中年男人，那么我想您一定比我更加优秀！（摘自：中国软文网）

这样的软文标题，让人一看就能有所触动。同时，还会让人产生一些好奇，中年男人为什么需要多一点关爱？我们又该如何去关爱中年男人？

带着这样的疑问阅读全文，渐渐地，我们就会发现，这是一篇行动目标埋得很深的软文。它所要宣传的产品，就是百事利酒。联系上下文，“关爱中年男人，就送百事利酒”这样的主题也就呼之欲出了。

上面这篇情感类的软文总体来说，还算比较成功，但广告植入的痕迹还是比较明显的。不过，因为是以讲故事的方式叙述出来，倒不至于引起人们的反感。

情感类软文，与其他类的软文有着非常明显的区别。那就是，从情怀入手，以引起人们共鸣为目的，最终达到预期的宣传推广效果。

当然，写作情感类软文也需要注意一些事项。如果不懂得写作情感类软文的一些技巧，难免会弄巧成拙。

写作情感式软文都需要注意事项有以下两点，如图 9-10 所示。

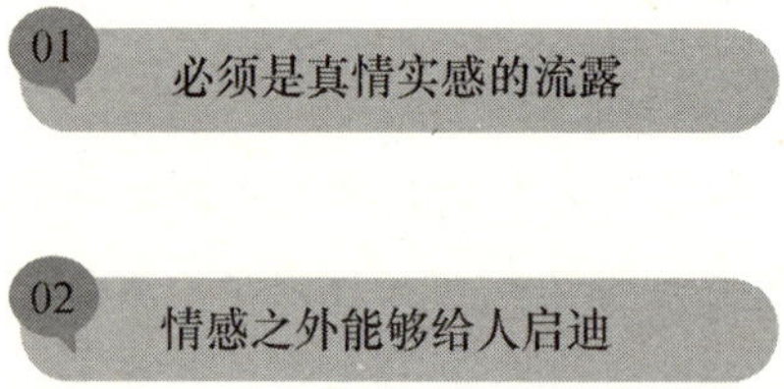

图 9-10　情感式软文写作要点

一、要求必须是真情实感的流露，而不能是虚情假意、矫情、煽情

没有真情实感，还非要撰写情感式软文，那只能是贻笑大方。

二、情感之外能够给人以启发，则效果最佳

比如，《对不起，我只过 1% 的生活》在不知不觉中引出自己的 APP 产品的同时，还呼吁人们要勇于去追求自己的梦想。这样的软文就能轻易引起读者的共鸣，刺激读者进行转发。

访谈类软文案例

访谈类软文也是软文写作过程中出现频率较高的一种。访谈类的软文，一般都是新闻类软文的近亲，以访谈的形式呈现软文内容，能够给人营造出一种面对面对话的轻松氛围。

因为是访谈，谈话内容比较随意，也不会背上广告之嫌，如下面这则访谈。

6 月 30 日，飞扬生活记者走进了吉首市日吉汽车销售服务有限公司，与东风日产日吉 4S 店总经理吴彬先生进行了面对面交流。

眼前这个面带微笑、彬彬有礼的绅士就是我十分熟悉的东风日产吉首日吉 4S 店总经理吴彬先生。吴先生的普通话十分流利，交谈在轻松的环境下进行。抛开采访的种种拘束，吴先生与我们分享了他与日产的缘分、与日吉的缘分。

飞扬：东风日产品牌给我们的印象是个性、真我、时尚，充满了驾驶的激情。据我自己的亲身体验，东风日产车型都是让我非常有驾驶热情的，那您自认为您是一个富有激情的人吗？

吴彬：当然是（笑）。其实我觉得东风日产的品牌核心就是驾驶乐趣，而且东风日产提倡的就是“人•车•生活”。心中要保持年轻，不管是五十岁、六十岁，心态要年轻。我热爱家庭和工作，我跟员工开会时，有时候我的表情特别多，而且我的语调都是轻松的，并不会是想象中那么严肃。所以我觉得如果你喜欢这个工作，喜欢这个事情，就要感染别人，我有激情才能感染别人。开车也是一样，有时候我也会在允许的情况下，体验一把油门到底的快感。

飞扬：您的团队呢，他们是否也跟您一样充满激情？

吴彬：可以用两个字来形容他们：年轻！他们年轻，很热爱这份工作，热爱这个品牌，热爱公司这个家庭。有的时候，我给员工提出要求，他们因此会付出很大的努力，并且有时候他们的努力是超出我要求的。他们觉得努力后的效果很好的话，会很有满足感。工作不只是谋生，要在工作里面得到满足感。我觉得大部分的日吉员工都是很有激情的，而且表现专业，不规范的事情非常少。而我希望我能竖立一个榜样，就是做事情的从容和认真的态度。我也想告诉他们只要去付出努力，去好好工作，公司是一定会给他优异的回报，会给他发展的机会。

飞扬：您能介绍一下东风日产日吉店的一些基本情况吗，主要是一些销售的情况？

吴彬：我们东风日产4S店是一种以“四位一体”为核心的汽车特许经营模式，包括整车销售（Sale）、零配件（Sparepart）、售后服务（Service）、信息反馈等（Survey）。在开业一个月以来，我们的销售情况还是很乐观的，让我看到了吉首汽车市场的巨大潜力，而我们也会更加努力，“用精湛的技术为您护航，以真诚的服务伴您生活”。

飞扬：我们知道在8月东风日产将上市一款重磅车型玛驰，您能介绍一下玛驰的一些基本情况吗？

吴彬：玛驰（MARCH）是一辆精品微型车，它全面吸取了日产高级车的设计与制造元素，引领了全球紧凑型轿车的发展潮流。它拥有深色（全黑色）和浅色（全米色）两个版本的内饰配色，整体风格圆润、舒展。玛驰所搭载的全新1.5L发动机，动力充沛，方向盘转向清晰精准，反应灵敏，最小转弯半径仅为4.5米，无论是泊车还是穿越狭窄街道都游刃有余。该车运用全面优化的模块化设计、日产生产方式指导下的全球标杆工艺，这使得新一代玛驰具备了出众的耐用性及可信赖品质，同时也有效降低了消费者的使用及维修成本。

飞扬：9月应该是我们汽车业的“金九月”吧，为了迎接9月的购车高峰，我想代广大准备购买日产品牌的朋友问一下，您店里会有一些什么样的活动？能否提前透露一点？

吴彬： 我们日吉专营店届时将针对不同的车型做出不同价格上的优惠，还会准备一系列的购车回馈活动，力争让越来越多的湘西人民以最实惠的价钱把东风日产的优质车型开回家。

飞扬：您说您非常喜欢《超越梦想》这首歌，您的梦想是什么？

吴彬：我有3个梦想：一是希望所有的员工以在日吉工作为骄傲；二是希望所有的客户以能享受日吉服务为快乐；三是希望东风日产以跟日吉的合作为荣幸。

飞扬：看来吴总对员工真的是非常好，永远把员工放在第一位。

吴彬：那是当然（笑）。

飞扬：也希望东风日产吉首日吉4S店在以后的发展当中更加顺利和完美。

吴彬：谢谢！（全文摘自：飞扬生活网）

通读这篇软文，我们会发现，记者与东风日产吉首日吉4S店总经理吴彬之间的对话始终围绕这一个中心，那就是东风日产。不管是吴彬谈自己的经验，还是谈团队，又或是谈汽车店的基本情况，他们所谈的话题始终未曾偏离宣传推广东风日产日吉店，目标非常明确。

在现实的软文推广过程中，很多刚刚起步的企业就很善于利用这种访谈的方式来为自己造势。例如，《清华学生创客：开公司造3D打印机》利用“大学生创业”这个噱头，以及“创客”“3D打印”这些热门词汇吸引了人们的眼球。在访谈之中，向人们介绍了更多3D打印的知识，借机推销自己，取得了非常不错的宣传推广效果。

撰写访谈类软文需要注意以下两个要点，如图9-11所示。

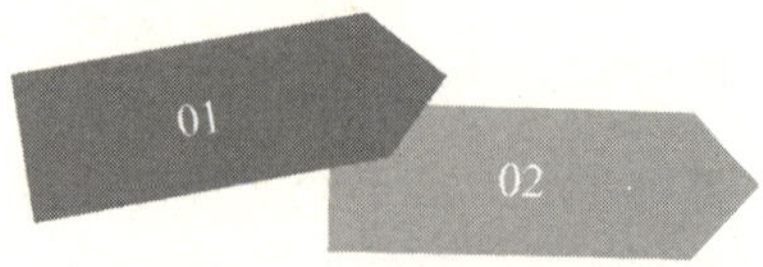

图 9-11　访谈式软文的写作要点

一、营造出比较轻松自然的访谈氛围

不要让读者一眼就看出来你是在做广告。访谈的目的虽然是为了推广行动目标，但是在正式开始访谈之前，最好不要将自己的营销意图暴露得太过明显，不然很可能会流失一批读者。

二、提问一些读者关心、好奇的问题

访谈式软文大多时候是以问答的形式展开，在撰写访谈式软文之前，撰写者最好先拟定一个访谈大纲，罗列出读者最关心的问题，让被采访对象来回答，这样访谈效果会更好一些。如果采访者没有做好充足的准备，想到哪里，问到哪里，这样的访谈就是不成功的，也很难引起读者的阅读兴趣，更不用说取得不错的营销效果了。

时评类软文案例

时评类软文主要是针对当前一些新闻热点，展开分析评论，在撰写软文的过程中嵌入行动目标，达到宣传推广目的。比如，当医疗推广被推到风口浪尖的时候，就有不少搜索企业站出来明确表态，市场第二，良心第一。比如，当瘦肉精事件被爆料的时候，就有不少养猪场借着新闻热点，宣扬自己的猪肉乃是天然健康猪肉；当奶粉添加三聚氰胺这一黑幕被揭开的时候，很多乳业都纷纷借着评论文章剖白自己。

时评类软文，因为紧跟时事热点，被人们搜索到的几率相对较高，能够在赢得较多曝光率的同时，让企业或产品获得最佳的宣传推广效果，如下面这则软文。

时评：保定油条哥的启示

河北保定的“油条哥”刘洪安火了。这位普通的早点摊商贩怕顾客吃了隔夜油影响健康，坚持使用新油炸油条，先是在当地被人热捧，后来被网络广泛传播，近日还被请到了由国务院食品安全委员会办公室等部门主办的中国食品安全论坛上发言。

“油条哥”之所以受到热捧，其道德品质可贵是重要原因。与其他食品安全事件中的主角不同，依据现有食品安全法律法规，只要不是地沟油，只要控制油中的各项指标没有超标，炸油条用新油、隔夜油都不违法。而刘洪安依据自己掌握的健康常识，基于对“己所不欲，勿施于人”的坚守，对自己油条信誉的要求，坚持用新油炸油条。在现有的食品安全法律法规屡屡被挑战的当下，这种超越法律法规标准的自觉的道德行为更显可贵。

“油条哥”之所以受到热捧，还在于他纠正了时下许多生产经营者的一个认识误区。眼下不少食品生产者、经营者偷工减料，甚至李代桃僵，为攫取利润不惜损害消费者身体健康甚至威胁生命。许多人因此认为坚守职业道德、恪守良心的商家会少赚钱甚至亏本。刘洪安的经历说明，事实并非如此。恪守良心，只用新油，不仅令顾客认同自家油条，甚至让油条涨价也成为顺理成章的事情。据刘洪安介绍，每天坚持用新油，虽然令经营成本增加二三十元，但由于油条卖价高了、买的人多了，总体算下来，每天的利润比从前还多了1/4。现在，“良心油条”的名声越来越响，即便每斤比别家贵1元，买油条的人也越来越多。因为太畅销了，刘洪安还打出了“限购牌”，每人限购两斤。

经过三聚氰胺事件、地沟油事件、明胶事件等一连串的食品安全危机后，人们对食品安全的信任急剧下滑，社会上甚至出现了“做什么不吃什么”的说法。“油条哥”受到热捧，就在于人们从他身上，不仅重新看到了商家的良心，也重拾了对食品安全的信心。欺诈失信，做“打一枪换一个地方”的投机商，可能会在短时间内发些不义之财，但终有受到惩处的那一天；坚持诚实守信可能并不容易，但只有诚实守信才能不断提升品牌信誉度和品牌价值，才能把生意做成“百年老店”。

商品经营，诚信为先，尤其是在与人们身体健康、生命安危直接相关的食品行业，坚守道德良心本身就是巨大的商业价值。作为市场主体的经营者，应当主动承担起法律责任、社会责任和道德责任，而不是把责任推给社会环境、制度缺失和他人。只有绝大多数经营者行动起来，涌现千千万万个老老实实、真材实料地生产放心产品的“油条哥”，良好的市场秩序才能建立起来。这就是“油条哥”的故事给我们的启示。（文：鲍丹）

当食品安全问题被越来越多的人所关注的时候，这样一篇文章的横空出世，无疑能够成功吸引人的眼球。在人们所关心的问题基础上，展开对自己行动目标的植入，往往能够取得不错的效果。

比如，当滴滴打车和优步打车因为曝出安全隐患问题被公众吐槽的时候。神州专车砸下巨金请吴秀波与海清代言，打出了安全、无隐私泄露的旗号，大肆宣传自己的 APP。

可想而知，当安全、无隐私泄露击中了那些经常使用滴滴打车或优步打车用户的痛点时，神州专车 APP 的下载量也就直线上升了。

当然，撰写时评类软文也不是想怎么写就怎么写的，而是有着一定的标准，如图 9-12 所示。

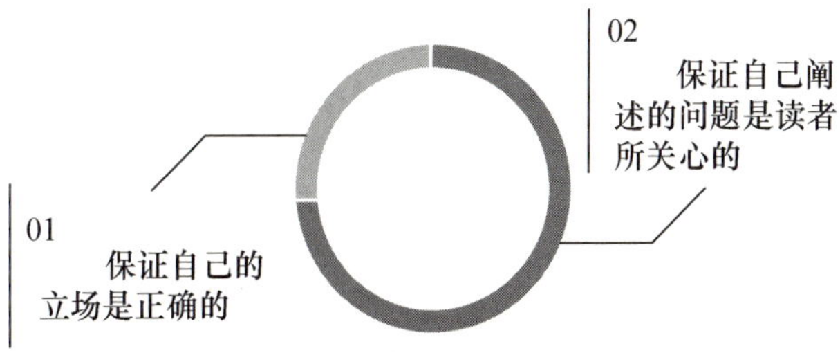

图 9-12　时评类软文写作要点

一、一定要保证自己的立场是正确的

立场问题很重要，如果你站错了队，说得越多，错得就越多，软文推广就无法取得预期的效果。

二、一定要保证自己所阐述的问题是读者最关心的

所谓时评就是紧跟实事，进行评论，因而，软文一定要呈现读者最关心的问题，不然，就很难引起读者的兴趣，达到自己的预期推广目的。

模仿类软文案例

何谓模仿类软文？顾名思义，就是套用那些比较成功软文的写作套路或写作模式，嵌入自己的行动目标，重新生成一篇被大众所熟悉的软文，如下面这篇软文。

用“艺福堂”的人

中国人最后终于开始察觉到，买一盒好的茶叶而被用便利店成打购买的方便纸杯来冲泡毁掉了整个气氛，实在是一件愚蠢的事。因此在这个阶层的人群中，“艺福堂”专营茶具开始流行了。

首先，“艺福堂”茶具做工上乘，这是人尽皆知的事情了。

其次，“艺福堂”专营茶具——简洁明丽的玻璃茶具，使您兼具了年轻和时尚品位，所有杯子的高标准选材，均为使您的生活更加精致。

当然，也有复古的作品，制作依然有些水准，成品都是经过严格审核的，非常严格，脱掉了无名工艺品的山寨气，甚至在着色上也有一种旧时代的优雅。

最重要的是“艺福堂”专营茶具选择了国内各地最值得尊敬的茶具制作商来提供货源——从雅集和一屋窑来的精制玻璃杯，从神奇紫砂来的经典紫砂壶，从台湾来的衡连功夫茶盘和老铁壶，从珍宝阁来的紫砂保温杯，从特美刻来的高档加热杯，当然还有艺福堂自己做的一些小玩意儿。在用上这么完美的茶具之后，你会得到众多的内心满足。

“艺福堂”茶业是安徽芜湖一个爱茶的大学生揣着1200元钱来到杭州创办的。因为他热情服务，待人诚恳，从一个小淘宝店到年销售1个亿，仅花了五六年。

您如果想在离您最近的地方买到“艺福堂”好茶和茶具，请上网搜索“艺福堂”官方旗舰店，这是国内最大的茶叶淘宝店，即复。（文：廖华）

如果是有一点儿软文常识的人，一眼就能看出来，这篇软文模仿了美国赫赫有名的广告大师大卫•奥格威的最得意之作《穿“哈特威”衬衫的男人》。

穿“哈特威”衬衫的男人

美国人最后终于开始体会到买一套好的西装而被穿一件大量生产的廉价衬衫毁坏了整个效果，实在是一件愚蠢的事。因此在这个阶层的人群中，“哈特威”衬衫就开始流行了。

首先，“哈特威”衬衫耐穿性极长——这是多年的事了。

其次，因为“哈特威”剪裁的低斜度及“为顾客定制”的衣领，使得您看起来更年轻、更高贵。整件衬衣不惜工本的剪裁，因而使您更为“舒适”。

下摆很长，可深入您的裤腰。纽扣是用珍珠母做成——非常大，也非常有男子气。甚至缝纫上也存在着一种南北战争前的高雅。

最重要的是“哈特威”使用从世界各角落进口的最有名的布匹来缝制他们的衬衫——从英国来的棉毛混纺的斜纹布，从苏格兰奥斯特拉德地方来的毛织波纹绸，从英属西印度群岛来的海岛棉，从印度来的手织绸，从英格兰曼彻斯特来的宽幅细毛布，从巴黎来的亚麻细布，在穿了这么完美风格的衬衫，会使您得到众多的内心满足。

“哈特威”衬衫是缅因州的小城渥特威的一个小公司的虔诚的手艺人所缝制的。他们老老小小的在那里工作了已整整 114 年。您如果想在离您最近的店家买到“哈特威”衬衫，请写张明信片到“G. F. 哈特威”缅因州•渥特威城，即复。

第一篇软文是对第二篇软文的模仿，不论是从结构、情节，还是陈述方式，都与第二篇软文如出一辙。不同之处是植入的行动目标不同。当然，这种结构上的模仿，还仅仅只是停留在模仿的低级阶段。对成功软文的模仿，应该是从“神”上模仿。换句话说，就是别人软文中的某个创意，带给了你怎样的启发，进而展开模仿软文的过程。

比如，我们在前文提到过的国美模仿京东的“我没变”所衍生出来的新软文“你没变，我变了”，就是从“神”上对京东软文的模仿。国美这则软文，同样被消费者称道。